Historia de ur

Herlinda Guerrero de la Mora

SOCIEDAD IBEROAMERICANA DE POETAS, ESCRITORES Y ARTISTAS.

Historia de un amor imprescindible

DERECHOS RESERVADOS
Historia de un amor imprescindible
ISBN: 9798734209691
Todos los derechos reservados
Diseño de portada.- Eduardo Calleros Gallegos
Formato, corrección y Edición.- Belinda Santana
Coordinación general y compilación.-
Elizabeth Leyva, Member ID 4088738
Auspiciado por Editorial IMAL
Institución Manuel Leyva
Primera edición 30 de Mayo del 2023
Tijuana Baja California, México

Herlinda Guerrero de la Mora

Historia de un amor Imprescindible

Herlinda Guerrero de la Mora

Historia de un amor imprescindible

AGRADECIMIENTO

Herlinda Guerrero de la Mora

Primeramente, quiero agradecer a DIOS por su amor y haberme permitido nacer en un hogar donde aprendí a amar, trabajar y recibí de mis padres y hermanos todos los valores éticos que actualmente poseo y practico.

A mis hijas, mis nietos, familia y amigas, por todo el amor, la compañía y comprensión que me han brindado en mis momentos de tristeza, soledad y alegría.

Muy especialmente a mi Maestro, Dr. Manuel Salvador Leyva Martínez por sus consejos y guía para iniciarme como escritora y poeta.

A mis grandes amigos de SIPEA Tijuana, quienes me impulsaron a escribir y en ocasiones me han dado grandes consejos y ánimos para no desfallecer.

A la naturaleza, por rodearme de tantas cosas bellas como sus flores, sus pájaros de colores entonando bellos cantos, el agua que nace en los manantiales y aire puro que respiro lejos de la ruidosa ciudad. Al amor mismo, que siento por las personas, la vida, la música, la amistad y lo que me rodea.

Y a quien me inspira a escribir.

Herlinda Guerrero de la Mora

Historia de un amor imprescindible

Historia de un amor imprescindible

Señor

Concédeme la serenidad
para aceptar las cosas
que no puedo cambiar.
Valor y fuerza para cambiar
aquellas que puedo,
sabiduría para reconocer
la diferencia.
 No como yo quiero que se haga.
Tengo fe en lo que venga,
me entrego a tu voluntad.

                                                   Amén.

Herlinda Guerrero de la Mora

Dedicado a dos grandes

y bellísimas madres...

Reyna e Isabel.

q.e.p.d.

Historia de un amor imprescindible

Eres la persona correcta

que conocí en el momento
equivocado...

y las mejores etapas de mi vida

han sido a tu lado...

Herlinda Guerrero de la Mora

Capítulo I

AMOR A PRIMERA VISTA

El amor te escoge, tú no.
Por eso no funciona perseguir al amor.
Déjalo que suceda naturalmente.

Paulo Coelho.

Historia de un amor imprescindible

Hermosa Gutiérrez al ver el apellido del médico en el directorio de aquel famoso hospital en la colonia Roma Sur, recordó ese gran amor de juventud que no pudo consolidarse e inmediatamente vino a su memoria lo vivido hacía ya 42 años, el día que lo conoció y las circunstancias de su primer encuentro, la silenciosa enfermedad que padeció durante tantos años sin siquiera imaginarlo...

"...Semejante al cáncer, que llega sin avisar hasta terminar con la vida de quien la padece..."

Aquel único y apasionado beso, dado a escondidas, con el temor de ser descubiertos, el roce de aquellas manos tan escrupulosamente limpias en toda la extensión de lo que implica y cuando sus miradas se encontraron; lo que expresaban los ojos sin necesidad de palabras, y sin saberlo, nació el amor que en aquel tiempo no pudo llegar a concretarse por diversos motivos, aunque, a sabiendas de ese impedimento, sus ojos intercambiaron mensajes y se declararon mutuamente un amor prohibido, amor al fin.

El amor no escoge raza, posición social, títulos, condiciones, edades, cultura, nada. Simplemente llega, sea como sea, sin avisar, silenciosamente y cuando encuentra lo que considera conveniente, se da.

Fue lo que sucedió cuando Hermosa conoció a Arturo Álvarez, en un hospital de la colonia Roma, donde fue internada a raíz de esa rara enfermedad que la atacó sin saber cómo ni cuándo y ella llegó a ese lugar donde se conocieron; hubo un intercambio primeramente visual, de atracción mutua y posteriormente, un enlace químico; así, sin pensarlo, nació ese amor imprescindible, que perduraría a través de los años e incluso de los siglos...

Hermosa escribió en su Facebook un mensaje que decía:

—el doctor Arturo Álvarez, que estuvo en el hospital "X" en la Colonia Roma, donde nos conocimos, tal año, y me recuerdas, comunícate conmigo, soy Hermosa Gutiérrez tu paciente, admiradora y gran amiga-.

Esto lo publicó casi a finales de un mes de diciembre, cuando por casualidad acompañó a su hija a una consulta médica.

Olvidó el mensaje y siguió con su vida tan monótona y solitaria durante los últimos diez años en que, Erick, su esposo, se fue de la casa tras una gran discusión que la hirió de tal manera, que pensó en llegar al suicidio por la tristeza y la decepción de la

Historia de un amor imprescindible

traición de quien ella pensó la amaba como lo había jurado hacía tantos años. Afortunadamente, tenía a su hija Ericka, sola, como ella, y quien llenaba su vida de felicidad. Era su compañera, su confidente y por el momento, todo lo que poseía en el aspecto emocional, ya que su otra hija, la mayor, estaba felizmente casada y no vivía en México. Ericka y Hermosa, a pesar de ser madre e hija eran además muy buenas amigas y vivían juntas, compartían sus penas, soledades, emociones y alegrías.

Un mes después, casi a finales de enero, Hermosa había olvidado el mensaje escrito en el Facebook, cuando de repente, vio la respuesta de Arturo, que decía:

-Claro que te recuerdo y me da mucho gusto que te hayas comunicado conmigo, ha pasado mucho tiempo, me gustaría saber qué ha sido de tu vida. Yo estoy casado, tengo dos hijos que son médicos también. Estaremos en contacto por este medio-.

Al leer este mensaje, Hermosa empezó a recordar el día cuando se conocieron hacía más de cuatro décadas....

Ella estaba internada en aquel hospital y debían sacarle unas radiografías de los riñones, que se suponía, eran la causa de la hipertensión arterial que padecía.

Herlinda Guerrero de la Mora

Cuando llegó al cuarto 302 el Dr. Arturo Álvarez, con una silla de ruedas, saludó a Hermosa y amablemente le indicó que subiera a la silla porque la llevaría a que le tomaran rayos X. La paciente se sorprendió que un médico fuera a buscarla, porque esta tarea era deber de camilleros. Ella, joven, con sus mejillas sonrosadas y sonriente, reaccionó con su acostumbrada amabilidad y educación:
-Ya voy, doctor, permítame, me pongo mi bata y mis sandalias. -.
Se miraron, Ella con sus ojos profundos y cafés, su sonrisa tan espontánea, invitando a cualquier persona que la saludara a contestarle con otra sonrisa contagiosa y sincera que no podía pasar desapercibida, adornando su rostro de tez blanca y enmarcada por sus rubias, gruesas y largas trenzas. Dejó su libro sobre la almohada y bajó de la cama, calzó sus sandalias, se sentó en la silla de ruedas y le dijo:
-Lista, vámonos a dar un paseo en esta silla tan cómoda, y con mayor razón porque me acompañará usted.
Era joven e inexperta. No imaginó las dimensiones de su comentario el cual fue muy espontáneo, estaba acostumbrada a ser amable y educada con cuanta persona

cruzara por su camino. Él, alto y delgado, de figura atrayente, cara y gestos muy serios de acuerdo con su profesión; perfectamente peinado y afeitado, algo tímido; vestido totalmente de blanco, esbozó una sonrisa que denotaba nerviosismo. Su piel blanca se sonrojó ante el comentario de Hermosa, solamente acertó a decir:
-Gracias, señorita, que amable es usted-
Se sintió cohibido ante el inesperado piropo y al sonreír dejó al descubierto una **hermosa** fila de dientes tan blancos como su uniforme y poco a poco fue disminuyendo el bochorno que sintió al recibir ese halago de una chica espontánea y sonriente, algo que no ocurría a menudo, ya que su aspecto era el de un hombre demasiado serio, con facciones recias, educado y amable, poco sonriente, y sin excepción, guardando la compostura de acuerdo a su posición, médico residente de aquel famoso hospital, donde, seguramente, le tocaba atender pacientes semejantes a Hermosa. Ella había escuchado comentarios que era un doctor muy profesional, difícilmente bromeaba con alguien y mucho menos con las pacientes; en algunas ocasiones se le veía sonreír o bromear con el resto del personal que laboraba en el mismo hospital.

Herlinda Guerrero de la Mora

El doctor caminaba con pasos largos y firmes, mirando la cabeza de su paciente y sus rubios cabellos trenzados, quizá para evitar que fueran a volar y dar mala impresión. Ambos subieron al ascensor en un silencio absoluto y al llegar al 7º. piso donde se encontraban los equipos para tomar los rayos X, el técnico radiólogo informó al Dr. Álvarez que estaba descompuesto el aparato y que no sería posible tomarle la radiografía a la paciente.

-Lo siento doctor, pensé que estaba enterado, se descompuso el aparato. Esperemos que pronto esté reparado. Tendrá que regresar con su paciente en cuanto se resuelva el problema.

-Qué pena. Lo siento por la paciente, volveremos otro día.

-Sí doctor. Se les avisará cuando el equipo esté en condiciones de realizar el estudio.

Esto, por supuesto, molestó demasiado al doctor, quien volteó a explicarle amablemente a su paciente lo que ocurría, que le tomarían la radiografía otro día, cuando se solucionara el problema de funcionamiento del aparato de rayos X.

Historia de un amor imprescindible

Esperaba que ella se molestara, pero a cambio de un reproche o una queja, recibió como respuesta una sonrisa, diciéndole:
-Pues ya ni modo, qué se puede hacer. Volveremos otro día.

Él le sonrió algo molesto, sin dejar de admirar en ella la serenidad y tranquilidad con que tomó la situación. El doctor trató de disculpar al hospital por la falta de comunicación, por no haberle avisado acerca de este desperfecto y por haberla llevado inútilmente hasta el séptimo piso, siendo que su cama estaba en el tercero.

Cuando se disculpaba no encontraba las palabras precisas para sonar amable. No era su costumbre ponerse nervioso. Tantos años de práctica médica en ese hospital, tratando a infinidad de personas, no se explicaba cómo una joven tan amable, le producía tal nerviosismo, tartamudeaba al hablar, hasta que decidió mejor guardar silencio después de haber dado una muy breve explicación.

Bella, con una sonrisa, comentó que no había problema, que le tomaran las placas otro día y que no tenía por qué apenarle eso al doctor. Él contestó que era su deber como su médico y que aprovecharían el tiempo para llenar la historia clínica, pues aún no estaba escrito nada en el expediente solamente la orden para las radiografías, las cuales desafortunadamente no pudieron tomarse ese día.

Regresaron al elevador. Cada uno hundido en sus pensamientos, sin percatarse del ambiente que los rodeaba. No veían a las personas a su alrededor, sólo se concretaban a saludar a quienes por casualidad cruzaban por su camino. Ambos bajaron por el ascensor hasta el primer piso, guardando un silencio absoluto y sin dirigirse ningún tipo de mirada o hacer algún otro comentario.

Ese piso estaba lleno de consultorios y en uno de ellos estaba la oficina del doctor. Ella en la silla de ruedas y él, empujándola y en silencio, sintiendo que ese incidente retrasaría el trabajo tan minucioso del galeno quien era demasiado celoso al respecto y todo lo realizaba con suma delicadeza y profesionalismo, solucionando en la medida de lo posible, los imprevistos que se le presentaban.

Al llegar al consultorio, el doctor le pidió que se sentara en el sillón de los pacientes para comenzar el interrogatorio. Con la mente llena de preguntas que le gustaría tuvieran respuestas de acuerdo con sus expectativas. Iniciaron una charla sin

Historia de un amor imprescindible

importancia que él consideró necesaria para empezar a romper el hielo entre ambos y facilitar el interrogatorio que estaba a punto de iniciar.

El doctor era educado y propio, hablaba con cortesía y buena dicción; ella se sintió cohibida al escucharlo, porque pensó que era un hombre demasiado estricto consigo mismo, que no aceptaría una broma de ninguna especie y si ella se reía podría molestarle que fuera tan confianzuda, pues a sus 20 años mostraban la faz de una mujer muy alegre y agradecida con la vida, a pesar de la hipertensión arterial elevada, por su ignorancia no comprendía la gravedad del caso, ni pensaba que fuera tan peligrosa esa enfermedad que le habían diagnosticado y podía morir en cualquier momento, la atacó sin saber por qué, sin tener idea en qué consistía; tenían la sospecha que pudiera ser por un mal renal, motivo por el que la enviaron a ese gran hospital con la tecnología de vanguardia para iniciar los estudios que indicaran dónde estaba el problema y salvarle la vida.

Antes de iniciar el interrogatorio, Hermosa empezó a repasar algunos pasajes de su vida, a analizar si en algún lugar de su memoria existían algunas evidencias que pudieran ayudar a determinar el origen de la enfermedad de que era víctima, sin encontrar la más mínima explicación y estaba en espera de la pregunta adecuada para responder, ignorando en qué consistiría ese interrogatorio que estaba a punto de iniciar.

El Dr. Álvarez estaba muy nervioso cuando elaboraba el cuestionario en su mente, pensando que primero tenía que centrarse en el interrogatorio médico y posteriormente en las preguntas a nivel personal. Empezó a escribir la historia clínica y entre preguntas se intercambiaban miradas, ella de admiración por verlo tan serio y profesional y él por verla tan jovial, bonita, educada y respondiendo con tanta firmeza y seguridad a las preguntas.

-¿Nombre, dirección, fecha de nacimiento, teléfono? ¿Estado civil? -
-Casada.-.

El doctor levantó la mirada, se sonrojó, suspiró profundamente, abrió tanto los ojos que parecía que había visto un fantasma o escuchado la peor de las declaraciones.

No lo podía creer. Su asombro fue tal que el corazón casi se le salía del pecho. Un cúmulo de sentimientos encontrados lo inundaron y sintió que el piso se abría bajo sus pies. Fue tal el impacto que esa palabra

Historia de un amor imprescindible

produjo en su cerebro como una serie de explosiones en su mente.

Sus piernas comenzaron a hacerlo temblar. Sus manos, que siempre eran firmes y seguras, temblaban cuando tecleaba la máquina de escribir y cometió tantos errores, que, al darse cuenta de ello, tuvo que tomar otra hoja y empezar de nuevo a escribir la historia clínica.

En ese momento, por su memoria cruzaron tantos pensamientos como el haber encontrado a una mujer como ella, linda y joven, la que había esperado toda su vida y ahora que la encontró estaba casada. No lo podía asimilar por el momento, ya que cuando la llevó en la silla de ruedas iba analizándola, observándola detenidamente, se convenció que era el tipo de mujer que le gustaba y siempre había deseado encontrar.

Esta vez se veía tan natural y hermosa sin maquillaje, con su bata de hospital, los pies con las uñas bien recortadas, sus manos, dedos largos y uñas limpias. Educada y amable, con una sonrisa contagiosa, la mujer ideal para él. Conoció muchas mujeres desde joven en el ambiente universitario donde tuvo compañeras de todo tipo, igualmente en los hospitales. Él esperaba encontrar una mujer como ella, natural, limpia y amable, y ahora que la había encontrado, esa mujer no era libre para poder expresarle lo que sintió y pensó al conocerla.

Este fue el primer pensamiento que cruzó por su mente de todo lo que recordaba de su primera estancia en aquel hospital donde llegó tan inesperadamente, pero que, a final de cuentas, fue tan significativo en su vida. Había incidentes que había olvidado y poco a poco fue recordando y comentando según regresaron a su mente. Un vivo momento no se apartaba de su memoria y fue cuando sintió su sonrisa franca, su mano saludándolo y su mirada con ese brillo que no había encontrado en ninguna otra a pesar de haber contemplado tantas miradas como mujeres había tratado, entrevistado y convivido con cada una que tuvo la fortuna de tener contacto con él, ya fuera de tipo emocional, profesional e inclusive sentimental.

Por su parte, para ella no fue significativo el encuentro. Siempre le había gustado la medicina y de haber estado en sus posibilidades económicas, la habría estudiado, pero las circunstancias de vida fueron adversas y sólo pudo estudiar una carrera comercial. Por si no fuera suficiente para ser una mujer educada, amable y de buenos modales, se sumó la guía familiar

Historia de un amor imprescindible

que había recibido en casa, pues sus padres eran personas provincianas, honradas, trabajadoras y estrictas que profesaban el amor a Dios, el respeto, la honradez, y los valores que muchas familias transmiten a sus hijos a través del ejemplo. La forma de vida de sus padres tan recta y siempre tratándose con respeto mutuo como se lo inculcaran a sus hijos. Hermosa fue la última y según se decía la consentida de su papá.

En el tiempo que estuvo estudiando su carrera comercial en una escuela sencilla, propiedad de un sacerdote llamado José Ramón López, misionero del Espíritu Santo, también recibió valores morales muy sólidos y a pesar de haber tenido demasiados pretendientes en la escuela, que en el turno matutino era específicamente para señoritas y en el turno vespertino para varones, de los cuales algunos deseaban entrar al seminario como postulantes al sacerdocio, nunca aceptó a ninguno, porque esperaba encontrar un hombre excepcional, no porque los jóvenes que conocía no lo fueran; ella esperaba uno de buenos modales y buena familia, muy semejante a ella. Hermosa era una mujer con muy buena ortografía, bonita letra, facilidad de palabra, muy amable y educada con toda persona que tenía la fortuna de entablar algún tipo de conversación con ella.

Se imaginaba que encontraría a alguien diferente a sus compañeros de escuela, que sólo se interesaban en jugar futbol, basquetbol, voleibol o algún otro deporte, que a ella no le interesaba. No tenía muy claro cuál era su hombre ideal, sólo sabía que los chicos de la academia no llenaban sus expectativas, por lo cual sólo convivía con ellos en los eventos deportivos que eran obligatorios para ambos turnos, donde ella participaba con su equipo jugando basquetbol.

A los 17 años se hizo novia de Erick. Era un joven atractivo y educado, lo que llamó su atención por las cualidades que poseía y estaba segura de que lo amaría toda la vida porque se casaron un año y medio después, así que no le extrañó en lo absoluto conocer a Arturo y no tenía la menor idea de haber despertado en él un interés diferente al que existe entre un médico y una paciente, y para ella, estar en ese hospital era estrictamente necesario para recuperar la salud que, de alguna manera, peligraba sin tener idea de la gravedad de su caso.

Fue después de algunos meses que se dio cuenta de que Arturo no le era del todo

Historia de un amor imprescindible

indiferente y sin pensarlo, se fue desarrollando esta historia, sin pensar que muchos años después terminaría en ese gran reencuentro. Ninguno de los dos pensó que su amor traspasaría las barreras del tiempo o que estaban destinados a algo más que una simple amistad.

Herlinda Guerrero de la Mora

Capítulo II

¿QUIÉN ERES TÚ?

> ¿Quién eres tú?
> ¿Quién eres tú
> que inexplicablemente yo amo?
> ¿Quién eres tú
> que por tu nombre tanto llamo?,
> porque de ti sólo tu nombre yo conozco.
>
> Nelson Ned

Historia de un amor imprescindible

Hermosa, a pesar de ser una señora, era inocente, sin pensamientos extraños o sentimientos confundidos, de alma limpia y estaba enamorada de su esposo, por lo que no se fijaba en nadie. Tenía sólo un año de casada. La vida le sonreía y esperaba de ella lo mejor, ignorando por completo los pensamientos del doctor.

Él, por el contrario, estudiaba los movimientos de la joven. Estaba grabando en su mente la luz de su sonrisa, la mirada y el brillo de sus grandes y expresivos ojos cafés, esperando descubrir en ellos una luz de esperanza a sus deseos de acercarse un poco a su interés, esperando ser, por lo menos, su amigo. Continuó con el interrogatorio, tratando de ocultar un nerviosismo totalmente ajeno a su profesionalismo.

Hermosa notó que estaba algo nervioso, pero no le dio la más mínima importancia y sólo se concretó a contestar las preguntas rutinarias que debían llenar el expediente. El interrogatorio terminó y muy amablemente el doctor le pidió que tomara asiento nuevamente en la silla de ruedas para llevarla a su cama; ella agradeció la gentileza del joven médico y tomó asiento nuevamente.

Herlinda Guerrero de la Mora

Él, con una tristeza que inundaba su alma, tratando de disimularla, con la mente llena de esperanzas derrumbadas, de su alegría y su corazón completamente rotos por la decepción, teniendo que disimular su frustración por no poder declarar abiertamente sus pensamientos que se habían encontrado y ella con su alegría y sonrisa contagiosas, no se percató de lo que había provocado en él al haberla conocido y sobre todo saber su estado civil, ambos salieron del consultorio.

Llegaron a la habitación donde Bella debía quedarse. Su cama, del lado derecho tenía vista a la avenida. El cuarto con grandes ventanas y cortinas verdes, hasta ese piso el ruido no entraba debido a la altura. Cuando llegaron, él le dio la mano para ayudarla a ponerse de pie y subir a la cama, cuando ella notó la mirada penetrante del doctor, quien, al tomarle la mano, más que sostenerla, la acarició tan suavemente y tan imperceptible, que ella le sonrió y agradeció su amabilidad.

Ambos se miraron y allí, al borde de esa cama de hospital, él con su uniforme blanco, ella con su bata verde y su cara limpia, intercambiaron ese pensamiento involuntario, que sería determinante, pues esa mirada dijo más que mil palabras, él no

Historia de un amor imprescindible

pudo expresar verbalmente lo que sentía en su corazón, y ella no percibió un sentimiento que recientemente había provocado en ese hombre de expresión seria, pero con un gran corazón que no le cabía en el pecho. Se reflejaba la bondad en sus ojos grandes y sinceros, que fotográficamente grabaron la imagen de esa mujer en su mente y en su corazón, que le acompañó durante 42 años, evocando cada día aquel momento en que tomó su mano por primera vez.

Al siguiente día, Hermosa se levantó muy temprano a tomar su ducha; mientras tanto, elevaba sus acostumbradas oraciones al cielo agradeciendo su estancia en ese hospital. Al terminar su aseo personal, cepilló su largo cabello rubio, se cambió de bata y no desayunó, porque esperaba que el Dr. Álvarez llegara para llevarla a los estudios, pero en cambio, entró una enfermera para avisarle que el equipo no había sido reparado aún.

Le tomó la presión arterial y la temperatura, como era la rutina, y ambas se pusieron a platicar sobre cosas sin importancia, a la vez que la enfermera atendía a las otras dos pacientes que compartían aquella habitación, mientras ella tomaba su desayuno que contenía jugo de manzana y un pequeño plato con fruta picada, huevos a la mexicana —sin sal debido a la hipertensión—; atole de maicena sabor fresa y pan tostado. Disfrutó muy tranquilamente su desayuno, a pesar de que los huevos tenían un sabor algo desagradable, consiente que cuando sanara, esa dieta cambiaría.

Esa primera mañana de su estancia hospitalaria estaba transcurriendo con una serie de eventos nuevos y totalmente desconocidos para ella.

Aproximadamente las 11.00 a. m. cuando entró el doctor, con una carpeta de aluminio en la mano, conteniendo el expediente de su paciente con la historia clínica e inmediatamente dirigió la mirada hacia su cama, saludando muy amablemente a las tres damas que estaban internadas en esa habitación, clavando su franca y tierna mirada en el rostro de la joven, llamándole la atención que no tenía **gota de maquillaje, y sus largas trenzas** rubias enmarcaban su cara sonriente, desde el día anterior no había hecho otra cosa que pensar en esa linda y joven señora, quien correspondió al saludo con su acostumbrada amabilidad, mirándolo con esa admiración que siempre le habían despertado los médicos y con mayor razón él, que el día anterior fue tan amable al llevarla a tomar

Historia de un amor imprescindible

las placas y realizar la historia clínica con su profesionalismo habitual.

No imaginaba el interés tan personal que había despertado en ese joven de blanco, tan pulcramente vestido, quien, a partir de ese día, estaría en su cuarto en cada oportunidad y tiempo libre que le quedara durante su arduo estudio y trabajo diario.

Hermosa le comentó que la enfermera le había informado que aún no había sido **reparado el equipo de rayos X,** y contestó que sólo había ido a saludarla y a hacer algunas anotaciones en el expediente. El doctor sólo la escuchaba sin ponerle toda la atención que merecía, ya que estaba leyendo el reporte matutino de la enfermera. Le hizo algunas preguntas rutinarias y al escribir, ocasionalmente la miraba, cada vez que él levantaba sus ojos hacia ella, sus miradas se encontraban y sonreían.

Ese día, entre sonrisas, interrogatorios y pláticas sin importancia, Arturo se dio cuenta que Hermosa, a pesar de estar tan lejos de aceptarlo, por ser una mujer prohibida para él por su estado civil, era la mujer de sus sueños y que, pasara lo que pasara, su imagen estaría en su memoria como la primera mujer que realmente había llamado su atención y con la cual le hubiera gustado formar una familia y pasar a su lado el resto de su vida.

Llegó el momento que el doctor tenía que regresar a sus obligaciones cotidianas y se despidió, llevando en su memoria la imagen de su bella y simpática paciente, no sin antes afirmarle que regresaría en unas horas, a tomarle nuevamente los signos vitales y entre ellos la presión arterial.

—Descanse, tiene que pensar en cosas bonitas; traer a su mente bellos recuerdos que hayan sido significativos en su vida.

-Sí doctor, lo haré.-

-Escuche música; esté tranquila, esto le ayudará demasiado a mejorar-.

Mire, estoy leyendo este libro. Léalo usted, ¿Le parece? -

Era un libro de cuentos y leyendas mexicanas, interesante y entretenido, del agrado de la paciente y mantendría su mente ocupada fuera de las cuatro paredes del hospital.

-Las penas y preocupaciones son uno de los más grandes enemigos de la presión arterial. Usted la tiene demasiado alta (200/140), y es casi imposible normalizarla con medicamentos.

Historia de un amor imprescindible

—No entiendo qué es lo que tengo. ¿Me lo puede explicar a manera que yo lo comprenda?
—Su corazón bombea muchísima sangre a todo su cuerpo y no se normalizará hasta que encontremos la causa que lo ocasiona; creemos que es mal funcionamiento de los riñones.
—Yo me siento muy bien. No tengo ningún tipo de molestia; orino bien.
—Sí, se siente, pero no está; así que a obedecer lo que le recomiendo.
—Claro que sí, doctor. Usted manda y yo obedezco.

Como médico le preocupaba sobremanera la salud de la joven, muy independiente de la atracción física que sentía por ella, ya que los pacientes que regularmente atendía eran personas adultas, con problemas renales o urinarios debido al exceso de alcohol, de tabaco, mala alimentación, edad avanzada y algún otro trastorno que lo hubiera llevado a ser atendido en ese prestigiado hospital y por el excelente equipo médico que laboraba en la institución.

Desafortunadamente, antes de esta breve explicación, ella no tenía la menor idea de lo que eso de "tener alta la presión" significaba, sólo cada vez que se la tomaban, tanto enfermeras como médicos no podían creer que una mujer muy joven estuviera tan mal como ella. Le preguntaban sobre la historia familiar, tanto de sus padres como de sus hermanos, y en ninguno se encontraba ese mal, siendo, por lo tanto, la primera persona en padecerla de toda su familia.

Aproximadamente a las 15.30 de ese día, el doctor regresó a despedirse, como lo había conocido, vestía su uniforme blanco, llevaba en la mano la carpeta de aluminio conteniendo el historial de la paciente y le tomó la presión nuevamente; repitió las instrucciones sobre que se mantuviera relajada y tranquila, diciéndole además que le gustaría quedarse a platicar con ella, pero que sus deberes se lo impedían, le prometió regresar al siguiente día en cuanto le fuera posible.

Sentía que "algo" le impedía alejarse de esa sala de hospital donde se encontraba internada esta joven, cuando una visita arribó a la sala. Era una señora con un sencillo vestido, algo llenita y no muy alta, peinada de chongo y con la piel blanca como su paciente, e inmediatamente imaginó que era pariente cercano debido al parecido físico entre ambas.

Historia de un amor imprescindible

Ese día, el doctor conoció a la mamá de Hermosa, cuando ella le dijo:
—**Mamá, éste es mi doctor, quien desde ayer me está atendiendo, es el Dr. Álvarez.**
La señora Laurita le saludó muy amable y educada, rompiendo en llanto al preguntarle qué tenía su hija Bella. (Así la llamaban todos en honor a una tía, llamada también Hermosa, mayor de Laura, consentida de su papá y además mujer verdaderamente bonita que se hizo acreedora a este nombre y a todo tipo de adjetivos relacionados a la belleza, que la condujo a la muerte).

El doctor la tomó por el hombro, pues era mucho más alto que ella, y le pidió que saliera con él de la habitación dejando a Bella con una cara de asombro, el doctor le dijo que no bajara de su cama y esperara al regreso de su mamá.

Se dirigieron al pasillo, y cuando estaban lejos de la paciente, el doctor le informó a la señora Laurita, que para todos los médicos que habían visto el expediente de Hermosa, era inexplicable cómo había vivido con esa presión tan alta sin trastorno alguno y que aún no se conocía la causa que se la provocaba, que probablemente fuera un trastorno renal, que hasta tener las placas que aún no habían sido tomadas, podrían afirmar que esa fuera la causa, y una vez analizadas y confirmado si era ocasionada por los riñones se procedería al tratamiento, que aún no tenían un diagnóstico definitivo y lo único que restaba era esperar los resultados de los rayos X.

A lo lejos, Bella escuchó llorar a su mamá y se bajó de la cama, recibiendo una fuerte llamada de atención por parte del doctor, pues debía estar en reposo absoluto, sin bajarse de la cama ni para cubrir sus necesidades primarias, acostada y tranquila esperando que se normalizara, aunque fuera un poco, su presión arterial, a lo que ella se disculpó y regresó inmediatamente a su cama.

Su mamá secó las lágrimas y entre sollozos le rogó al doctor que hiciera todo lo posible por salvarla. Arturo percibió en esta dama la humildad de su cuna y las buenas costumbres y educación que transmitió a su hija, quien ahora acaparaba su total atención tanto en el ámbito profesional como personal.

Al igual que Bella, doña Laurita ignoraba el origen de la enfermedad de su hija y sólo confiaba en que Dios diera su luz a los médicos para que pudieran salvarla debido a que temían que de un momento a otro su corazón no aguantara el bombeo de tanta sangre y se detuviera repentinamente.

Antes de entrar en la sala donde estaba su hija, secó sus lágrimas y dijo:
—Doctor, es demasiado joven para estar enferma, no entiendo lo que usted me dice, pero si está en este hospital algo muy malo debe tener, ya que no la dejan bajar de la cama ni para lavarse las manos; por favor, doctor, es mi hija la más chica, se acaba de casar, tiene toda una vida por delante.

Estas frases retumbaron en la cabeza del joven médico y sintió que un sin número de espadas penetraba su corazón, al sentir que no podía ni siquiera pensar en recibir una mirada de amor de esos ojos que tanto le habían impresionado.

El doctor puso su mano sobre el hombro de la señora y tratando de calmarla le dijo:
—Haremos todo lo que esté en nuestras manos para salvarla, ese es nuestro deber, además, es una señora muy joven para pensar en un desenlace funesto.

Volteó a mirarla frente a frente y puso sus dos manos sobre los hombros de la inconsolable madre de Hermosa y le pidió que se calmara, que su hija no debía verla llorar; en cambio, sí tenía que verla sonriente y con la esperanza que pronto saldría del hospital, sana, para reanudar su vida y olvidar esos días que tuvo que pasar allí y todo ese encierro en ese hospital, así como lo que ocurriera en él, fuera sólo un recuerdo.

Cuando se calmó doña Laurita, ambos regresaron junto a la cama de Bella y nuevamente el doctor se despidió, recordándole que regresaría al otro día temprano antes de iniciar sus actividades para checar nuevamente su presión.

—Espero que pase bonita tarde y que mañana cuando venga a tomarle los signos vitales, me dé la agradable sorpresa que ya algo está mejor, aunque sea un poquito.

Sonrió. De verdad deseaba encontrarla mejor, aunque tuviera que perderla antes de tenerla; ella contestó amablemente:

—Pues dígame qué tengo que hacer para que baje la presión y con gusto lo haré. Usted es el médico, y quien da las instrucciones, haré lo que me recomiende al respecto.

Sonrió al contestar y él le devolvió la sonrisa al momento que le indicaba que sólo estuviera tranquila, acostada y pensando

Historia de un amor imprescindible

cosas agradables, sin preocupaciones ni inquietudes.

Ambos se miraron fijamente, haciendo una muda promesa de encontrarse al otro día. Bella no iría a ningún lado, lo esperaría hasta que se desocupara y volviera a verla para revisarla y quizá, darle una noticia diferente a las que había escuchado.

El doctor se despidió de doña Laurita con un fuerte apretón de manos y salió de la sala, sin voltear a ver a las demás pacientes y se limitó a decir:

—**Buenas tardes, que se mejoren.**

Llevaba en su memoria la imagen de su paciente, con su sonrisa clavada en la mente y la tristeza de la señora, que a sus sesenta años se veía demasiado atractiva y tenía el corazón hecho pedazos de ver a su hija en un hospital siendo tan joven, cuando se supone le sonreía la felicidad.

Bella se quedó en su cama y empezó a platicar con su mamá sobre lo que le habían comentado los médicos, que no se explicaban por qué tenía esa enfermedad y así llegaron las 6 de la tarde cuando terminó la hora de visita.

Una enfermera le llevó agua y jabón para que se lavara las manos y le indicó que en unos cuantos minutos llegaba su cena.

Herlinda Guerrero de la Mora

Madre e hija se despidieron y su mamá le recordó:
-No olvides tus oraciones y piensa que muy pronto estarás de regreso en casa, sana y salva.-
-Sí mamá. Usted sabe que así lo haré.-
-Quédate tranquila como te ha indicado el doctor.-

Dio la bendición a su hija, se despidió con una fingida sonrisa y salió con su paso calmado. Cuando ya estuvo a solas en el pasillo donde no la vieran triste y cabizbaja, volvió a llorar rogándole a Dios que aliviara a su hija y que a todos les diera las fuerzas para soportar tan dura prueba que ahora tenían que vivir.

Esa noche, la cena de Bella consistió en una gelatina de limón, atole de guayaba, un bistec de res a la mexicana, dos tortillas de maíz y una manzana. Comió lentamente como si esperara que sucediera algo extraordinario, pero no fue así. Terminando la cena, una de sus compañeras de cuarto, la señora Enna, una mujer de 45 años aproximadamente, que sufría una disfunción en la vejiga complicada con el mal funcionamiento renal, paciente de otro médico, le preguntó:
-¿Qué le pasa, señora? Se ve muy bien, es demasiado joven y me pregunto por

Historia de un amor imprescindible

qué su mamá lloró tanto cuando platicó con el doctor-.

Ella le explicó que no sabía a qué se referían cuando le decían que tenía alta la presión arterial y Enna le comentó que era muy peligroso, pues podía desprendérsele el corazón y morir, que eso es lo que había escuchado al respecto, Bella se asustó tanto, que en vez de estar tranquila como le había indicado el médico, empezó a preocuparse más creyendo que en verdad eso podía pasarle, si no controlaba sus emociones y se mantenía tranquila y relajada como le había sugerido el médico que la estaba atendiendo.

Cambió el tema de plática, creyendo que su compañera de cuarto exageraba, tal vez para asustarla, esperando que ella le contara algo más sobre la enfermedad que la atacaba, mas ya no quiso continuar con esa conversación pues le producía mucha inquietud y prefirió encender su televisor.

Tratando de calmarse vio dibujos animados y posteriormente una película mexicana; así le llegó la noche hasta que la venció el sueño, intentando no pensar en lo ocurrido durante esa tarde incluso los comentarios de su compañera de cuarto, que no debían perturbarla para nada.

Herlinda Guerrero de la Mora

Al día siguiente dormía tan plácidamente sin que nada le preocupara, soñaba con su pasada vida cuando subía a los juegos de la feria sin temor alguno y con una sonrisa dibujada en su rostro. Si alguien la miraba, no pensaría que estaba realmente enferma.

Eran aproximadamente las 7.30 de la mañana cuando el doctor se acercó a su cama silenciosamente, la observó dormida, plácida y relajada sobre sus sábanas verdes, tapada con una cobija, admiró nuevamente sus largas trenzas y sus enormes ojos cerrados cuando Bella sintió una mano sobre su cabeza que acarició sus cabellos y una voz muy bajita que le decía dulcemente:

—Buenos días, señora. ¿Cómo pasó la noche? Vengo a saludarla y a tomarle la presión y ver si realmente descansó y siguió mis instrucciones, espero que en verdad esté mejor-.

Al saludarla y expresarle sus buenos deseos, en verdad lo decía de corazón porque esperaba que hubiera pasado mejor la noche y con la tranquilidad, el descanso del hospital y la dieta sin sal, su presión arterial se encontrara un poco más baja que el día anterior.

-Descubra su brazo, y permítame revisar su presión.-

Historia de un amor imprescindible

Ordenó a la vez que se colocaba el estetoscopio sobre sus oídos. Accionó la perilla que tenía en la mano derecha y la aguja empezó a subir rápidamente y al ver la lectura en el medidor, su cara se puso seria y movió negativamente la cabeza, mientras la aguja indicaba que no había ninguna mejoría.

Tomó la presión arterial nuevamente, para corroborar la lectura, y cuando terminó, ella le preguntó:

-¿Cómo me encuentra, doctor? ¿Estoy mejor que ayer?-

-Sigue exactamente igual. Antes que nada, iré a ver si ya está reparado el equipo de rayos X. Es urgente que se tomen esas placas. -

Dicho lo anterior, escribió unas notas en el expediente y se despidió amablemente, diciéndole que regresaría en cuanto le fuera posible.

Bella miró la expresión de asombro en el rostro del joven médico cuando tomaba la lectura y pudo notar la preocupación que le produjo el hecho de que no hubiera algún tipo de mejoría y la impotencia de no poder hacer nada por remediar la situación de su paciente y lo apresurado de su despedida.

Herlinda Guerrero de la Mora

Casi inmediatamente que el médico abandonó la sala, llegó una enfermera para indicarle:
-Señora, no desayune. Vendrá personal del laboratorio a tomarle una muestra de sangre, porque aún no funciona el aparato de rayos X.
-Gracias señorita. acaba de salir el doctor Álvarez, me dijo que iría a preguntar sobre la reparación del equipo para tomarme las placas.

Mientras tanto, Arturo se dirigió con el jefe de radiología muy apresurado y nervioso, dispuesto a reclamar inclusive sobre el funcionamiento de su departamento, argumentando que se estaba retrasando su trabajo. Le indicaron que ese día iría el técnico y que probablemente funcionaría inmediatamente, que podría tomar las placas a la mayor brevedad, probablemente por la tarde.

En efecto, al día siguiente, a las ocho de la mañana aproximadamente, un camillero llegó hasta la cama de Hermosa, indicándole que la llevaría a tomar sus placas. Cuando llegaron al 7º. piso, Arturo salía de la recepción y esbozó una sonrisa al verla llegar en la camilla.
-Puede dejar a la paciente aquí, yo me haré cargo.

Historia de un amor imprescindible

—Sí doctor. ¿A qué hora regreso por la paciente?-
-**En tres horas aproximadamente.**

Cuando todo estuvo listo para iniciar el estudio, Arturo se encargó de darle a beber un medio de contraste, pues sería una serie de 7 placas, debiendo tomar un vasito cada 15 minutos antes de cada placa.

Estuvieron en aquel lugar cerca de tres horas y entre placa y placa no perdían oportunidad de platicar sobre cómo era la vida de la joven paciente, a lo que ella entusiasmada le platicaba de su vida en la escuela, los deportes que practicó y las profesoras tan estrictas que tuvo en la academia y cuando se tomó la última placa, el doctor solicitó al radiólogo que le entregara todas las radiografías para iniciar el análisis de éstas y empezar a diagnosticar si esa hipertensión era provocada por algún tipo de afección renal, como era el posible diagnóstico con que había llegado la paciente.

Al fin, terminados los estudios radiológicos, el médico le solicitó que subiera nuevamente a la camilla y ambos salieron de la sala de rayos X. El médico le comentó:
—Analizaré las placas, emitiré un diagnóstico y lo comentaré con mis

maestros, **el Dr. Ravel y el Dr. Nieto, para que corroboren si es correcto y poder determinar el tratamiento adecuado.**
—Gracias doctor. Es muy amable en preocuparse por mí.
—Iré a verla por la tarde y espero ya poder llevarle el diagnóstico con base en la serie de placas que acaban de tomarle.

Como no llegó el camillero el doctor se ofreció a llevarla hasta su cuarto. Llegaron a la habitación y al entrar, Enna hizo un comentario que no les pareció muy acertado cuando dijo:
—Que bien acompañados vienen los dos, quién los viera.

Al doctor no le hizo gracia y comentó:
—Sólo cumplo con mi trabajo, señora. La sala de rayos X es muy fría.

La ayudó a bajar de la camilla, le dio la mano para que se acostara al tiempo que le decía:
—Volveré lo más rápido que me sea posible, traeré un diagnóstico corroborado por mis maestros. Esperemos que no sea lo que temo.

Se despidió, dándole la mano derecha y cuando ella le dio la suya para despedirse, él la apretó con ambas manos y la miró

Historia de un amor imprescindible

tiernamente a los ojos, al tiempo que le decía:
—**No tardo.**

Soltó su mano a la vez que la acariciaba con sus dedos. Tomó las radiografías y salió rápidamente de la habitación, sin despedirse de las otras pacientes y antes de cruzar la puerta, volteó a verla nuevamente, ella se despidió con una sonrisa levantando su mano y diciéndole adiós.

Cuando salió el doctor, Enna se disculpó con Hermosa, diciéndole:
—**Perdón. No quise ofenderlos. No me digas que no te has percatado que el doctor te mira de una manera especial.**
—**No. Sólo es muy amable y educado.**
—**¿No te parece raro que tenga tanto interés en traerte de rayos X, te lleve en la silla de ruedas, te regrese y haya venido a tomarte la presión hoy por la mañana?**
—**¡Claro que no! Sólo cumple con su trabajo.**
—**Desde que estoy aquí no se había interesado por nadie en particular y tú llegaste hace unos días y ya te tiene una atención especial hacia ti, te mira de manera diferente.**

Bella se sonrojó y a la vez contestó:

47

—No lo creo, el doctor sólo se porta muy amable conmigo, lo que pasa es que tiene curiosidad en saber de dónde proviene esa enfermedad que tengo, y en conocer su origen y de ser posible, curarme. Su interés por mí es como paciente, y no creo que sea de otro tipo, pues le dije que soy una señora casada. El día que llegué me hizo el interrogatorio para elaborar mi historia clínica y sabe todo acerca de mi vida, espera poder encontrar la cura para que pronto pueda regresar a mi casa. Tengo entendido que lo hace porque hay muchas personas en lista de espera que necesitan la cama.
—Bueno, si eso es lo que piensas... está mejor así.

La conversación continuó con temas sin importancia, naciendo entre ambas una amistad momentánea, ya que Enna tenía muchas anécdotas que compartir con la joven debido a que era 22 años mayor que ella, quien en ese entonces contaba sólo con 20. Los consejos que recibió la joven de la señora fueron muchos, variados y de toda índole, sin faltar los de salud, ya que Enna padecía un mal renal incurable y estaba en espera de un donante, desde hacía más de dos años.

Historia de un amor imprescindible

El donante no llegaba debido a que en aquellos años no existía la cultura de donar órganos y el trasplante todavía se encontraba en etapa experimental, para lo cual Enna no tenía donador, ni sus dos hijos debido a que eran muy jóvenes; su madre había muerto y su esposo no era compatible para tal fin, así que tenía que esperar y sobre todo, a que llegara el tan esperado "accidentado" para poder seguir viviendo, ya que por ese tiempo estaba conectada a un aparato de diálisis y no podía irse a su casa.

Por su parte Arturo se dedicó a revisar exhaustivamente las placas de la paciente y cuando estuvo con sus maestros, se las mostró diciendo:

—**Mi diagnóstico es la obstrucción de la arteria renal derecha, motivo por el cual el corazón se esfuerza para enviar sangre al riñón.**

—**Muy buen diagnóstico, Dr. Álvarez.**

—**La sangre no llega al riñón porque la arteria se encuentra totalmente estrangulada, y el riñón por la falta de sangre, está empequeñecido, seco y deforme.**

—**Sí doctor, así es.**

—**Considero que la única solución para erradicar esa hipertensión arterial tan alta de la paciente es la extirpación del**

riñón, no sin antes realizarle otros estudios para corroborar el diagnóstico.
    Cuando los maestros escucharon explicación tan acertada estuvieron de acuerdo con la opinión del joven médico, quien ya llevaba bastante tiempo estudiando la especialidad y fungiendo como ayudante de ambos, tanto en cirugías pequeñas como en cirugías mayores, siendo hasta ese día uno de los mejores alumnos que ambos maestros había tenido.
    Una vez aprobado el diagnóstico y después de felicitarlo por su profesionalismo, el joven médico se retiró. Sus maestros alabaron la dedicación que siempre ponía en su trabajo para realizar el buen diagnóstico sobre todos los casos que le habían presentado y de manera especial e inmediata sobre la hipertensión de la paciente que recién había llegado al hospital, comentando lo raro del caso debido a la juventud de la chica, pero con la esperanza de que con la extirpación del riñón mejorara y pudiera retomar su vida, la que se había visto interrumpida por su ingreso al hospital, tanto ir y venir a las clínicas sin poder bajarle esa presión arterial que la atacaba, enfermedad tan dañina y tan silenciosa, que terminaba con la vida de las personas cuando no era atendida

Historia de un amor imprescindible

acertadamente y administrado el tratamiento adecuado en el tiempo preciso.

Al terminar de atender a sus pacientes en el consultorio, el doctor Álvarez se dirigió al tercer piso a ver a su paciente y darle la noticia sobre el diagnóstico que había hecho sobre su salud.

Al entrar él en la habitación, a Hermosa se le iluminó el rostro, dejó de lado el libro que leía y le sonrió.

—Doctor, no pensé que regresara hoy tan pronto, con esa cara tan sonriente. Gracias por estar al pendiente de mi salud.

El doctor correspondió a su sonrisa y a su saludo, aclarando:

—He venido a tomarle la presión y a comentarle los pasos siguientes al diagnóstico que he emitido.

Colocó los aparatos, uno sobre la cama y el otro en el brazo de su paciente, y al escuchar su presión, movió negativamente la cabeza, incrédulo de la lectura y lo que escuchaba por su estetoscopio.

—Ningún cambio. Igual que todas las veces anteriores.

—Sigo estrictamente todas sus indicaciones, doctor.

Herlinda Guerrero de la Mora

—Sí, lo sé, pero no se refiere a comportamiento sino al mal renal que le aqueja.

Se preguntaba cómo esa mujer tan joven estaba enferma y al borde de la muerte; no podía saberse si viviría unos días, años o moriría en ese mismo momento y también el tiempo que llevaba sufriendo la hipertensión, enfermedad que le fue encontrada a raíz de la primera consulta a su clínica, siete meses esperando un diagnóstico y una cura que le devolviera su vida interrumpida por tanto ir y venir; médicos, análisis, placas, en fin, todo lo que implicaba tener una enfermedad tan peligrosa y sobre todo, desconocer su origen para poder hacer un diagnóstico correcto para tratar su cura.

Con toda la paciencia y el tiempo que sus múltiples ocupaciones le permitían, el doctor le comentó:

—He revisado su historial médico, las placas que le hemos tomado esta mañana y al comentar el diagnóstico con mis maestros lo han aprobado, así que le programaré una prueba más llamada: "Urografía por cateterismo".

—¿No es suficiente con las placas que me tomó por la mañana?

Historia de un amor imprescindible

—No es suficiente. Esta prueba principalmente reforzará el diagnóstico realizado y consiste en extraer orina por separado de cada riñón, realizando pequeñas incisiones en las ingles, introduciendo un catéter por cada lado del pubis, realizar el análisis de orina en forma separada y con base en los resultados, se procederá a programar una cirugía.

Cuando Bella escuchó la palabra "cirugía" se le nubló la vista, pasaron mil ideas por su mente y se quedó con la mirada clavada sobre el techo de la habitación sin escuchar lo que el médico seguía diciéndole, hasta que él se percató que no le ponía atención, la llamó por su nombre moviéndole las manos hasta que reaccionó.

—Señora Hermosa, por favor, escúcheme. ¿Se siente bien?

La cara de la paciente estaba pálida y seria, pues era la primera vez que se veía en semejante aprieto.

—Por favor, cálmese. Esto es lo más normal. En cuanto se le realice la cirugía, usted recuperará su salud en forma definitiva.

—¿Está seguro de que no moriré?

—¡Seguro que no! Hay un 99.5 % de que usted sane. La probabilidad de fracaso

se considera nula. Esa probabilidad es la que nos da la seguridad para realizar la cirugía.

Empleó un vocabulario lo más coloquial posible, procurando que ella entendiera su explicación a lo que Bella sólo pudo contestar:

—¿Cirugía...?

Suspiró tan profundamente, que parecía que se le iba la vida en ese suspiro.

El doctor Álvarez se percató de la gran tristeza de Bella porque no escuchó, aunque breve, la explicación que intentó darle y después de que la paciente recuperó el color rosado de sus mejillas. Un poco más tranquila, agregó:

—Gracias doctor, por ser tan amable en venir a explicarme el tratamiento a seguir y que, primeramente, con la confianza puesta en Dios, en usted y en todos los médicos que me atienden, recuperaré la salud.

—Así me gusta escucharla, optimista.

—Sí. Tengo muchas ganas de vivir y saldré victoriosa y sana de este largo camino que me queda por recorrer.

La escuchó muy atento y admirado de su optimismo, de la calma con que ahora lo comentaba, a pesar de esperarle una etapa de vida desconocida y difícil, su fe en Dios era más grande que todas las enfermedades existentes. Continuó la conversación entre ambos, el médico diciéndole que no era un caso difícil, que la dificultad había sido el diagnóstico correcto, ya corroborado por los maestros especialistas en urología, era cosa de unos días.

—Después de esa prueba que falta, tenemos que programar la cirugía con base en el resultado de los análisis.
—Muchas gracias, doctor. Estoy en manos de Dios y de usted.
—Le prometo que regresaré más tarde para que disfrutemos de una película.
—Lo bueno que tenemos al menos este televisor en blanco y negro.

Ambos sonrieron y Arturo se alejó de la sala de su paciente, esperando que al regreso encontrarla mejor, era el deseo más oculto y sincero que tenía hacia ella y sentía gran pesar al verla sufrir por ignorar la gravedad de su padecimiento, a la vez que esperaba apresurarse en su trabajo para regresar a verla y pasar una tarde a su lado, conformándose sólo con su compañía.

Eran casi las siete de la noche cuando regresó el médico a la sala de la paciente. Bella estaba más tranquila, poco a poco había asimilado la idea que sería intervenida quirúrgicamente, y nuevamente preguntó:

Herlinda Guerrero de la Mora

—¿Está seguro de que no corre peligro mi vida?
—Toda cirugía tiene riesgos, pero a usted le ayuda demasiado su juventud y su buen estado de salud **general, que tiene** usted un carácter muy jovial y además le realizaremos una operación muy sencilla. Está sana de todo lo demás.
—**Sus palabras me tranquilizan, doctor.**
—Verá cómo una vez eliminado el problema, saldrá de este hospital **totalmente sana para retomar su vida... tener hijos y ser feliz.**

Estas últimas palabras las pronunció quedamente y con mucha tristeza porque imaginaba que después que ella sanara..., la perdería para siempre.

Procuró aislar sus pensamientos, pues no tenía esperanza de llevar alguna otra relación con ella que no fuera amistosa. Tomó asiento cerca de la cama de Bella. Llevó unos dulces para compartirlos mientras veían la televisión. Él llevaba un libro, el cual no abrió en toda la tarde. Se la pasaron viendo caricaturas y una película. Hasta que llegó la noche, él salió a cenar y le dijo que volvería para continuar viendo la Televisión.

Historia de un amor imprescindible

Bella lo miró alejarse con algo de tristeza, porque le agradaba la compañía del joven médico. Casi una hora después regresó llevando una torta a la vez que le decía:
—¿Le gustaría comer una torta?
—**No puedo comerla por prescripción médica, ya que mi dieta es muy estricta y no debo comer sal, pues afecta mi salud.**
—**Bueno, con este impedimento sólo le daré la mitad, precisamente para que no se salga mucho de la dieta.**

Ambos rieron y esa fue la primera vez que él se sintió tan cómodo y feliz de tener guardia, pues eran aburridas y pesadas, teniendo que llenar y revisar expedientes, a veces demasiado estudio, en fin, lo relacionado a su profesión, y esa noche se quedaría grabada en la memoria de ambos por el resto de sus vidas, sobre todo en la de Arturo.

La siguiente guardia del doctor fue un domingo y, ¿por qué fue tan importante esa noche?, porque en un programa de televisión que ambos estaban viendo, Nelson Ned, un poeta de la canción interpretó la melodía "¿Quién eres tú?" e inmediatamente se sintieron identificados por ella, por la letra que habla de dos personas que llegan a amarse sin saber nada una de la otra, conociendo sólo sus nombres, teniendo secretos guardados y que finalmente llegan a ser imprescindibles en la vida de cada uno.

Ambos la escucharon con atención y cuando la melodía terminó, se miraron como si acordaran que esa sería "su canción" y que las frases los acompañarían por el largo caminar de su vida pasara lo que pasara, siempre los uniría un bello pensamiento y un grato recuerdo al escucharla.

—¿Le gustó la letra de esta canción?
—Sí. Muy apropiada para los enamorados.
—¿Le gustaría que fuera nuestra canción?
—Claro. Aunque no estemos enamorados.

Sonrieron nuevamente. No se hicieron promesas de ninguna especie, ni comentaron nada más sobre la melodía y su reciente amistad que se fue dando sin pensarlo, sin imaginar que su encuentro tan imprevisto y breve estancia en ese hospital sería tan significativa en el destino de ambos..., a pesar del rumbo que sus vidas tomaron después de conocerse.

"¿Quién eres tú?

Historia de un amor imprescindible

**¿Quién eres tú?,
que de repente apareciste en mi vida
haciendo revivir la ilusión perdida
que hace ya tiempo adormeció
dentro de mí...".**

Aún no existía un sentimiento claro entre ambos. Él se había enamorado de su franqueza y belleza natural, su espontaneidad, su sonrisa y su cabello, lamentando no poder hablarle francamente de sus sentimientos, y ella, lo admiraba por ser un hombre tan amable, educado y atento, imaginando que era la forma habitual de tratar a sus pacientes, ignorando el sentimiento que había provocado recientemente en él, sólo se dedicaba a esperar el tiempo que fuera necesario para poder abandonar ese lugar, no tomó en cuenta la letra de la canción, se concretó a escucharla con la mayor naturalidad como si escuchara la música de Los Beatles.

El doctor continuó visitándola dos veces al día, con el pretexto de informarle cómo iban los avances para las siguientes pruebas y tomarle la presión e incrementar su amistad, la cual se vislumbraba sincera y duradera. Platicaban cosas sin importancia, en los días que él tenía guardia. Compraba una torta y la compartía con ella dándole sólo la mitad, veían la televisión. Llegó el momento de realizarle el siguiente estudio, desafortunadamente no fue posible debido a un imprevisto en el aparato, ignorando cuándo estaría en condiciones de ser utilizado nuevamente y Bella tuvo que retirarse del hospital y esperar a que le llamaran para la prueba. El doctor le dio la noticia.

—Lo lamento, Bella. Ha surgido un imprevisto y tiene que retirarse unos días a su casa a esperar el aviso para regresar y realizarle el estudio que falta.

Hermosa entristeció. No se sabía si por la tardanza de los estudios o porque iba a dejar de ver a su amigo que cada vez extrañaba más, también él no concebía la idea de dejar de verla, pues su presencia le hacía el día feliz y sentía que su trabajo, después de atenderla, informarle los avances de los estudios, el avance del diagnóstico o platicar con ella, había sido un día provechoso. Esa estancia desde que se conocieron fue de aproximadamente dos semanas.

Capítulo III

Y NACIÓ EL AMOR...

El misterio del amor es más profundo
que el misterio de la muerte.

Oscar Wilde.

Amar a alguien es una cosa.
Que alguien te ame, es otra,
pero que te ame
la misma persona que amas,
lo es todo.

Paulo Coelho

Herlinda Guerrero de la Mora

Pasó casi un mes para que el desperfecto del aparato de rayos X fuera solucionado y funcionara nuevamente. Había más pacientes que requerían el servicio antes que Hermosa volviera al hospital. El día que se internó nuevamente, estaba algo nerviosa, llevaba una mochila con sus objetos de aseo personal, sandalias, dos batas, sus libros y su televisión. La llevaría Erick a internarla, pensó que su nerviosismo se debía a que quizá en esta ocasión sí sería operada. Trató de calmarla, diciendo:

—**Te noto algo nerviosa, Bella.**
—**Sí. Ya me había acostumbrado a estar en casa.**
—**Sigues delicada y sabes que muy pronto regresarás sana y salva.**
—**Así lo espero. Ya ves cómo ha tardado este estudio que falta.**
—**Mira, ya te llamaron. Muy pronto te recuperarás y todo quedará olvidado.**
—**Dios te escuche y pronto todo esto sea como un mal sueño, como una pesadilla.**
—**Ya verás. Tienes mucha fe en que Dios te sanará pronto. Ahora, dime si ya no te falta nada para irnos.**

Llegaron al hospital y Hermosa se registró impaciente por volver a ver a su

Historia de un amor imprescindible

amigo médico, tratando de disimular su gusto por volver después de un mes de no pisar ese lugar, esperando los estudios y la cirugía que irremediablemente le esperaban.

Ese día le tocó guardia al Dr. Álvarez, quien, al verla se llenó de alegría, esbozando una sonrisa, sin poder disimular la felicidad que le producía su presencia; de igual manera, ella al verlo, sonrió tan abiertamente que sólo le dijo:

—**Doctor, nuevamente estoy aquí.**
—**Sí, qué alegría volver a verla.**

Bella abrió los brazos invitándolo a un abrazo sabiendo que sería correspondida. Arturo sintió que su corazón se llenaba de júbilo al verla sonreír y se apresuró a corresponderlo.

Este abrazo demostró que entre ellos ya existía una gran amistad y que sería difícil pudiera romperse ese lazo amistoso que ya existía entre el joven médico y su alegre paciente. Ninguno de los dos entendía por qué la ausencia había sido tan prolongada ni por qué les producía tal euforia volver a verse.

—**¿Cómo se sintió durante este mes?**
—**Igual que antes. No tuve cambio alguno.**
—**¿Tomó todos sus medicamentos?**
—**Sí. No omití ninguno.**

Herlinda Guerrero de la Mora

—¿Estuvo tranquila?, ¿descansada?
—Sí. Seguí sus instrucciones precisas.
    Y así, entre plática y plática pasaron casi dos horas, que para ellos fue como un minuto por la alegría que les proporcionaba verse nuevamente; tenían tantas cosas que contarse, que no sintieron el tiempo pasar. Llegó la hora de la cena para ella. El doctor se despidió.
—¡Oh!, cómo se nos fue el tiempo.
—Sí... no lo sentí.
—Bueno, me voy, pero prometo regresar por la noche.
—¿Veremos una película?
—Sí. Dígame si quiere que traiga una torta. Sólo le daré la mitad.
—Creí que había olvidado que me hacía comer de más.
—No podría olvidar ese pequeño detalle.
—Por lo que veo usted insiste en que continúe enferma.
—¡Claro que no!
    Ambos soltaron una contagiosa carcajada.
—Desde hace un mes espero verla para compartir una torta con usted.
—Gracias, muy amable de su parte.
—También traeré chocolates.
—Sí, que rico.

Historia de un amor imprescindible

—**Regresaré cuando haya terminado mi trabajo.**
—**Hasta más tarde, doctor.**
—**Hasta más tarde.**

Regresó aproximadamente a las 23.00 horas. Ella dormía plácidamente sobre su cama cubierta con sábanas verdes. Él se quedó observando y admirándola como ya era su costumbre, desde que la conoció. Bella tenía su cara limpia, sus largas trenzas rubias y sus ojos cerrados; soñando, quizá con la salud que aún no tenía.

Estaba indeciso si despertarla o no. Llevaba una torta de jamón con queso y dos chocolates para compartir con su joven **amiga**. Se sentó, recargó su cabeza sobre el colchón de la cama y se quedó dormido vencido por el cansancio que le provocaba su arduo trabajo.

Había tenido dos cirugías muy pesadas por la mañana. Escribió en los expedientes los resultados de éstas. Estaba muy agotado, aunque había sido un día semejante a muchos otros, para él era diferente porque volvió a ver a Bella. Este día tenía un interés especial y cuando se encontraba en paz junto a la cama de su joven paciente, puso la bolsa de la torta y los chocolates dentro del cajón del buró para que, cuando la enfermera entrara a la sala a su visita de rutina no fuera a verlos y esto diera lugar a un malentendido.

Era más o menos la una de la mañana cuando él despertó, debido a la mala postura de estar durmiendo en una silla, y Bella, al sentir un movimiento cerca de su cama, despertó también y lo miró sorprendida, sentado a su lado a la vez que le preguntaba:

—¿A qué hora llegó doctor?
—Creo que como a las once.
—**No lo sentí cuando entró a la sala. Me quedé dormida esperándolo y al verlo sentado y dormido en esa silla tan incómoda siento pena porque no está en su cama.**
—**Ya estoy acostumbrado a las malas posturas.**

Arturo se enderezó lentamente, estiró los brazos, esbozó una gran sonrisa, y bostezó apenado al ver el asombro de Bella. Ambos se dieron los buenos días o las buenas noches y disfrutaron su media torta, un refresco y un chocolate, hasta casi las dos de la madrugada.

—**Es muy tarde, mañana me levanto a las seis de la mañana.**
—Más bien al rato.
—Tiene razón. Me voy. Descanse.

Historia de un amor imprescindible

—Más de lo que he descansado, no se puede.
—Mañana preguntaré sobre su cirugía.
—Es verdad. Hasta dentro de un rato.

Se despidieron de mano, se miraron con insistencia y se dijeron tantas cosas con esas miradas penetrantes y mudas, que reflejaban sentimientos recién nacidos a la vez que ocultos y resistiéndose a separarse, hasta que se soltaron las manos amablemente.
—Hasta mañana, o hasta dentro de un rato.
—Hasta mañana, doctor. Prometo no irme del hospital.

Pocas horas después el doctor llegó a las 7.30 aproximadamente, ya bañado y rasurado, con ese aroma tan propio de él que tanto lo distinguía de los demás médicos y todo el personal masculino que trabajaba en ese hospital.
—Le traigo una buena noticia. Tenemos todo listo para realizarle los estudios que faltan.
—Gracias doctor. ¿Cuándo serán?
—Mañana por la mañana. Durante estas 24 horas no salga de su dieta. Que sea muy estricta. Sólo lo prescrito.
—¿No comeré nada más?

—No. Y mucho menos algo con sal. Por la noche cena líquida. Daré instrucciones precisas de su dieta para estas próximas 24 horas.

Se despidió casi inmediatamente, porque tenía deberes que atender en el hospital, extendiéndole la mano para despedirse y ella lo miró esbozando una gran sonrisa. Ambos se miraron fijamente, sin poder soltarse de la mano y terminar ese saludo-despedida que ahora ya empezaba a formar parte de la rutina de su amistad, para él, saludarla y llevarse su imagen en la mente y, para ella, mirarlo tan serio y a la vez amable, ocupándose tan particularmente de atenderla y estar al pendiente de su salud, a la vez que para los dos el futuro era demasiado incierto.

No podían planear absolutamente nada ni esperar nada, aún no se habían hablado de forma distinta a médico-paciente, y quizá esperaban el momento oportuno para iniciar una conversación diferente al tema hospitalario y de salud.

—¿Volverá más tarde, doctor?
—Sí. Regresaré a verificar sus progresos en lo que a salud se refiera.
—Muchas gracias, doctor. Es usted muy amable.
—Deseo que pase un bonito día.

Historia de un amor imprescindible

—Usted también doctor. Que sea leve su trabajo. Como siempre, aquí lo espero y le prometo que no me iré.

Ambos sonrieron. Él dio media vuelta para que ella no notara su nerviosismo y al llegar a la puerta, volteó a verla y le sonrió nuevamente, a lo que ella correspondió levantando su mano y agitándola a la vez que le decía:
—Hasta más tarde.

Se quedó mirándolo alejarse con paso firme y rápido, sin saber ni explicarse por qué lo admiraba y extrañaba su presencia cuando no estaba.

Su dieta fue demasiado estricta y escasa, sabía que era necesario para el estudio que le esperaba al día siguiente. Continuó con su lectura, a ratos miraba algún programa de televisión, en otros momentos platicaba con sus compañeras de cuarto y así se le fue pasando el día, hasta que a las 4:00 de la tarde, **más o menos, regresó Arturo para tomarle la presión, a la vez que le informaba que al otro día iría por ella a las 8.00 de la mañana aproximadamente.**
—Espero esté lista. Vendré por usted por la mañana.
—Gracias doctor. Me levantaré a tomar mi ducha a las siete para cuando usted

llegue, voy a estar peinada y lista para el estudio.

Cuando se despidieron, se repitió la escena matutina casi con las mismas palabras, la misma despedida y las mismas sonrisas.

—Hasta mañana, descanse y duerma bien. No vaya a comer nada después de las 7.00 de la noche y mucho menos a desayunar. La necesito en completo ayuno.

Fueron las indicaciones del médico, muy precisas y estrictas a lo que ella contestó:

—No doctor, seguiré sus instrucciones al pie de la letra. Usted manda y yo obedezco.

Esta vez, la mirada fue más placentera, pues él no tenía la prisa de retirarse, su turno y consultas habían terminado; tenía que estudiar demasiado, algo que había descuidado un poco por dedicarle tanto tiempo a su nueva amiga y cuando estaba de guardia, pasaba parte de su tiempo libre viendo televisión con ella y pasando tantas horas a su lado. Se olvidaba momentáneamente de sus obligaciones para gozar de la compañía de la joven señora sin medir el tiempo que pasaban juntos, esperando que las horas transcurrieran tan lentamente como fuera posible.

A la mañana siguiente, Bella se levantó a tomar una ducha, y cuando se estaba secando el cabello, llegó un camillero para llevarla al quirófano y ella aún no terminaba de peinarse. Eran aproximadamente las 7.30 de la mañana, y después de un amable saludo preguntó:
—¿**Por qué no vino el doctor por mí?**
—**Porque es mi trabajo, señorita. Él está en otras actividades.**
—¿**Puedo llevar el cabello suelto? No puedo trenzarlo, está muy mojado todavía.**
—**No señorita. Tiene que recogerlo con algo, porque no puedo esperarla. Tengo más pacientes que trasladar.**

En ese intercambio verbal estaban cuando llegó el doctor, la saludó y le dijo que sólo se recogiera el cabello, que ya todo estaba listo. Hermosa subió a la camilla y el doctor se fue acompañándola, entablando una conversación sin importancia para tratar de calmarla, pues a simple vista se observaba que estaba demasiado nerviosa, por lo desconocido del estudio que le esperaba.

Llegaron hasta la sala que estaba integrada por el quirófano con mesas para el instrumental, una gran lámpara, y todo el mobiliario necesario para el estudio próximo a realizarse.

El doctor dio la instrucción que abandonara la camilla, pidiéndole que subiera a la cama quirúrgica, porque necesitaba realizarle dos pequeñas incisiones en la ingle. Este procedimiento debía ser en el quirófano donde se encontraban, a la vez que se disculpaba por unos minutos para vestirse con el uniforme quirúrgico, ya que aún estaba usando el uniforme blanco, impropio para la cirugía. Mientras tanto, dos ayudantes se acercaron a la mesa de cirugía, un instrumentista y una enfermera.

Cuando entró Arturo ya vestido con su uniforme de quirófano, con un gorro sobre la cabeza, cubre boca, zapatos cubiertos de tela blanca y guantes, le realizó dos pequeñas incisiones en la ingle y le extrajo orina por separado de cada riñón, que fue depositada en dos recipientes y posteriormente enviadas al laboratorio para ser examinadas y entregar los resultados al médico.

Este estudio llevó más de 3 horas, tiempo en el cual él estuvo al pendiente de la recolección de la orina de su paciente, revisando que no hubiera complicaciones,

Historia de un amor imprescindible

tomando la presión arterial y la temperatura constantemente, platicando con ella para que no se durmiera, porque estaba parcialmente anestesiada, y al terminar, llegó un camillero para llevarla a su cama. El doctor siempre acompañándola.
—**Descanse sin preocupaciones. Espero cuando despierte ya se sienta más tranquila.**
—**Sí doctor. Casi no puedo tener los ojos abiertos.**
—**La veré más tarde para saber cómo se siente.**
—**Gracias doctor por todo lo que hace por mí.**
—**Ya sabe que es un placer atender a tan obediente y linda paciente.**
—**Sólo obedezco instrucciones de mi médico favorito.**
—**Esperemos que pronto pueda programar su cirugía con base en los resultados que se obtengan de estos estudios.**
—**Muchas gracias nuevamente. Dios lo bendiga.**

Hermosa se quedó profundamente dormida hasta la hora de la comida, donde nuevamente recibió dieta demasiado blanda y sin sal, la cual comió con desgano, y se acordó de la media torta de huevo con aguacate, queso y chile que había cenado en otras ocasiones junto a su amigo médico, esperando que esa noche fuera igual.

Aproximadamente a las 4.00 de la tarde el doctor entró a su cuarto a saludarla y tomarle la presión, que seguía igual, era el pretexto para visitarla constantemente. Venía vestido de blanco y ella, al verlo, se le iluminó el rostro a la vez que él preguntaba:

—¿Cómo se siente, señora?
—Me siento bien, doctor. Muchas gracias. tengo un moretón en la ingle.
—Déjeme verla.

El doctor levantó la sábana para revisarla, sin poder ocultar el gusto que le proporcionaba estar junto a su joven paciente, poder revisarla y tranquilizarla.

—Este moretón es natural, desaparecerá con el tiempo. Esté tranquila. Los resultados del examen estarán en tres días, aproximadamente y de ellos depende la cirugía.
—¿Seguro que es inevitable?
—Estoy casi seguro. Ya le he comentado que hay una alta probabilidad, pero es una cirugía sencilla, no tiene mayor riesgo.
—Como siempre, confío en Dios y en usted.

Historia de un amor imprescindible

—Si puedo, regreso a verla más tarde.
Se despidió sonriendo amablemente, como era ya su costumbre, dejándola acostada, la tapó con ternura, como deseando ser la sábana que cubría su cuerpo. Bella agradeció correspondiendo a su sonrisa, su amabilidad y le contestó:
—Gracias por todo lo que hace por mí. Espero algún día poder compensar de alguna manera sus atenciones. Es usted muy lindo y amable.
Él se sonrojó y le besó tiernamente la mano a la vez que le contestaba:
—Es mi deber como su médico de cabecera. además, es un placer poder hacer algo por su salud y ver su sonrisa franca y amable que me brinda desde que la conocí.
Fue Bella la que ahora se sonrojó al escuchar esta 'casi declaración' y no supo de qué manera actuar ni qué contestar. El doctor se encaminó hacia la puerta, y al llegar, giró la cabeza para mirarla y nuevamente sonrieron al despedirse.
Hermosa se quedó sintiendo ese tierno beso sobre su mano, recordando los cálidos labios del doctor, que hacía unos minutos había depositado tan tiernamente sin decir nada, espontáneo y a la vez sincero y que la hizo estremecer. Era la primera vez que

Herlinda Guerrero de la Mora

sentía esa sensación de alegría y gozo, pues nunca había recibido una caricia de otro hombre, que no fuera su esposo, a quien conoció 3 años atrás, cuando tenía diez y siete años. Ahora, a los veinte, sentía su corazón latir de una manera muy diferente, pensando que tal vez ambos se estaban enamorando inexplicablemente, pues para ella era de lo más placentero recibir las visitas del médico cada vez que él tenía tiempo, cosa que ambos disfrutaban.

Por su parte, el doctor no podía apartarla de su mente, necesitaba tocar sus manos y llevarse su imagen que lo acompañara el tiempo que no pudieran estar juntos. Era un sentimiento nuevo y desconocido para él, quien conociendo tantas mujeres ninguna le había producido tal entusiasmo y gusto al verla.

Desafortunadamente, el médico ya no regresó, pues tenía muchos deberes y lecciones que repasar. Bella estuvo algo desanimada porque estaba acostumbrándose a su presencia y a sus atenciones. Se la pasó aburrida mirando la televisión, leyendo a ratos, en ocasiones platicando con sus compañeras de cuarto y recordando lo ocurrido horas antes con su nuevo amigo, que ella consideraba como ángel guardián, sin

Historia de un amor imprescindible

entender del todo cómo, por un lado le recetaba dieta tan estricta y sin sal, recomendándole quedarse en cama y tranquila, y por otro, le llevaba media torta, totalmente prohibida en su dieta, diciéndole que no fuera a comentar que la había comido, pues le traería un problema a él por llevarle alimentos prohibidos y por faltar a su ética profesional, pues no podían tener ningún tipo de relación ni siquiera amistosa entre médico y paciente.

También el médico sabía que al ingerir algo con sal, podría hacerle subir más la presión arterial, y que sólo lo había hecho para no comer él la torta completa, pues era demasiado para cenarla toda. Desde luego ese no era el verdadero motivo, ambos lo sabían, disfrutaban de esa complicidad de comer a escondidas y compartir algo prohibido para ella.

Cuando llegó la noche, Hermosa se sintió muy triste por no haberlo visto nuevamente y se durmió recordando el tierno beso sobre su mano, sus miradas y sus múltiples atenciones que ahora empezaban a hacerle falta.

A la mañana siguiente, Arturo llegó a saludarla como de costumbre, con el pretexto de tomarle la presión e

intercambiaron algunas palabras, a la vez que ella le decía:
—Anoche ya no vino, recordé el beso que me dio en la mano. Esa imagen no se separó ni un segundo de mi mente.
—Lo hice siguiendo un impulso reprimido. Discúlpeme si la molesté o la ofendí, pero fue un beso muy sincero. Es que es usted es tan linda que me tiene cautivado con su sonrisa y su belleza, su juventud y su amabilidad y me pregunto por qué tuve que conocerla hasta ahora. Me gustaría que fuéramos grandes amigos, ya que no podemos llegar a ser algo más y si es posible y le parece que nos tuteáramos. ¿Acepta ser mi amiga?
—Claro que acepto ser tu amiga Arturo, es un placer y un honor.

Arturo extendió su mano hacia ella, le correspondió y hecha un manojo de nervios le dio la mano y se sonrojó. Ambos se regalaron una sonrisa y él volvió a besarle la mano a la vez que le decía:
—Más tarde regreso a verte, amiga mía. Espero que estés mejor de salud.

Bella contestó un poco más calmada y regresando a su color:

Historia de un amor imprescindible

—Te voy a extrañar y te esperaré para que platiquemos un rato y veamos una película.
—Te prometo que haré todo lo que pueda por estar aquí lo antes posible.

Se despidieron más contentos que nunca, pues ya no se consideraban sólo médico y paciente sino amigos, a pesar de que ese tipo de relación no estaban permitidas en el hospital.

Eran aproximadamente las doce horas, cuando entró el Dr. Ravel a dar nuevas e inesperadas indicaciones.

—**Señorita Hermosa, su cirugía se ha programado para finales del mes de noviembre, y tiene que dejar a la brevedad el hospital, ya que desafortunadamente tenemos demasiadas cirugías programadas y pocos quirófanos y no es posible atenderla antes.**
—**Sí doctor. Avisaré a mi familia para que vengan por mí.**
—**No es necesario. Ya he dado instrucciones que hablen a su casa para que vengan por usted, entre tanto, tendremos los resultados de los exámenes que recientemente le practicó el doctor Álvarez y podamos**

corroborar el diagnóstico que emitió en su caso. Esperamos verla pronto.

Era el 24 de octubre, día en que sus papás celebraban su aniversario de matrimonio, por eso se quedó tan grabada la fecha en su memoria.

Bella esperó poder despedirse de su nuevo amigo lo cual no fue posible, pues su esposo llegó a la 1.00 aproximadamente y tuvo que abandonar el hospital. Pasaron a la recepción de consulta externa para solicitar la orden de internamiento que ya estaba lista para el día indicado. No fue posible que los nuevos amigos se vieran para despedirse, así que se fue muy triste sin poder decirle un "nos vemos pronto" y comentarle que no se verían en casi un mes, hasta que ella regresara de nuevo al hospital.

Hermosa y Erick salieron y tomaron un taxi hasta su casa. Ella se notaba triste, su esposo le pasó un brazo por el hombro y supuso que su estado de ánimo era por la operación, ignorando el verdadero motivo por el que Bella no sonreía ni cantaba o platicaba como era su costumbre. Respetó su silencio y sólo se concretó a acariciar su hombro y sus cabellos, besándolos tiernamente; fue casi imperceptible para ella.

Historia de un amor imprescindible

Al llegar a casa, Hermosa estuvo en reposo como le había prescrito el médico, tomando sus medicinas, sin realizar esfuerzo alguno, comiendo sus alimentos sin sal, y pensando en llamar a su amigo, pero no tenía ni el número del hospital ni el de su casa, sólo le acompañaba el recuerdo de ese rostro serio y sonriente a la vez, esos dos besos recibidos tan tiernamente en su mano derecha, los recuerdos de la media torta y las noches en que él tuvo guardias y la acompañó por un período corto de tiempo, de acuerdo a como se lo permitían sus obligaciones.

Se pasaba las horas recordando que en algunas ocasiones Arturo llegaba con el pretexto de tomarle la presión sólo para verla, preguntarle algo sin importancia y despedirse con su amplia sonrisa. Siguió repasando en su memoria cada momento con su amigo, al cual se sentía unida por un lazo que no imaginaba era indestructible a partir del día en que se conocieron.

El mes que tuvo que permanecer en su hogar transcurrió tan rápidamente, que casi sin pensarlo estaba de regreso en el hospital y al llegar lo primero que hizo fue preguntar por el doctor a las enfermeras del tercer piso:

—**Buenas tardes señorita.**

Herlinda Guerrero de la Mora

—¡Ah!, ya llegó la paciente consentida del Dr. Álvarez. Buenas tardes señora.
—Gracias señorita por su concepto, pero no soy su consentida, sólo es muy amable conmigo.
—Bueno, si usted así lo considera.
—Disculpe, ¿lo ha visto por acá?
—Vino por la mañana, pero no sé si regrese.
—Gracias de todos modos. Es un placer saludarla.

Casi todas las enfermeras y personal en general eran conocidas y a más de alguna no le parecía que ambos fueran tan amigos, pero su deber era atenderla, contestarle con amabilidad sin importar la amistad entre ellos y sólo se limitaban a decir algunas indirectas, haciendo referencia a su estado civil y lo feliz que cada una de ellas sería si el doctor correspondiera a sus coqueteos y sin ella proponérselo, se había ganado la amistad y confianza del galeno, su atención y sobre todo su cariño, lo habían notado todas las personas cercanas al servicio de urología y murmuraban entre pasillos que el doctor era demasiado atento y complaciente con ella, lo cual era muy extraño porque siempre había conservado una gran distancia con todo el personal femenino del hospital y principalmente con las pacientes.

Historia de un amor imprescindible

Ese mismo día, cuando Arturo se enteró que Hermosa estaba internada nuevamente, a la primera oportunidad que tuvo fue a saludarla. Al verla sentada sobre su cama, como siempre, con su libro en la mano, su rostro se iluminó de alegría y al mirarla exclamó:
—**No tienes idea cuánto te extrañé.**
Le dijo a la vez que extendía su mano para saludarla, colocando la blanca mano de Bella entre las suyas, grandes y fuertes, apretándola con ternura y firmeza a la vez, a lo que ella contestó:
—**Yo también te extrañé.**
Se miraron fijamente, queriendo en esa mirada entregarse el amor guardado y reprimido que ya se profesaban. Él tuvo que soltarle la mano, porque quizá no pudiera contener las ganas de tomarla entre sus brazos y darle ese beso en la boca, reprimido desde que la miró por primera vez.
Estaba seguro de que, si lo intentaba, sería correspondido, porque con los ojos se decían más que con las propias palabras. sólo se observaban en silencio y se miraban con felicidad. Ella también lo comprendió y sólo sonrió a la vez que retiraba su mano y la ponía alejada de la mano de Arturo.

Herlinda Guerrero de la Mora

Continuaban con su amistad limpia y sincera, ocultando el amor que ya había nacido entre ellos y que intercambiaban en silencio. Muy a su pesar era un amor verdadero, puro, callado, sin caricias, sin ventajas, oculto y mudo, pero a la vez sincero, que el tiempo no podría borrar jamás.

Era imposible demostrárselo en ese momento, primeramente, porque estaban en el hospital y el doctor, por ética profesional, tenía el deber de comportarse como tal, y ella era una señora, pero eso no impedía que en cada mirada se entregaran ese mutuo amor y ocultar la atracción que existía entre ambos, que no sabían si en un futuro se podría consolidar tan abiertamente como lo esperaban y deseaban.

Ese día tocó guardia al doctor y cuando fue a verla no dijo nada, sólo se concretó a acompañarla a ver una película, sin palabras, con el acostumbrado saludo de mano sin beso, por las personas presentes en la misma sala donde Bella estaba internada, y su conversación fue respecto a cosas triviales, sin importancia, y cuando tuvo la oportunidad Bella le preguntó:
—¿Cenaremos una torta como siempre?
—Hoy no será posible. Tenemos que esperar la cirugía.

Historia de un amor imprescindible

—¿Cuáles son los pasos por seguir antes de practicarla?
—No te preocupes. Espera que llegue el momento. ahora disfrutemos la película.
—¿No vamos a comer nada?
—Por esta vez no. Nada más déjame estar a tu lado y sentir tu presencia. Después vendrá lo de la cirugía.
—Está bien. Como tú digas.

Los labios de Arturo decían una cosa mientras que su corazón estaba inundado de pensamientos amorosos, imaginando las mil caricias que deseaba depositar en esa joven y atractiva mujer que tenía en ese momento a su lado, pero sólo podía pensarlo, jamás expresarlo con palabras.

Ambos se quedaron en silencio, mirando la película y él, más que la película, quería estar junto a ella. Cuando se despidieron, aproximadamente a las 23.30 horas, porque Bella se había quedado dormida, él tomó su mano y la besó tiernamente a la vez que le decía:
—Hasta mañana, que descanses.
—Gracias Arturo, hasta mañana, que también descanses, sueñes lindo y espero tu visita como todos los días para que me hagas el favor de checarme la presión.

Herlinda Guerrero de la Mora

Sus palabras fueron tan bajitas como un susurro. Se percató que las demás pacientes de la sala estuvieran durmiendo y al retirarse lo hizo de espaldas para no dejar de mirarla y ella se sentó para seguirlo con la mirada hasta verlo alejarse de la puerta e intentó conciliar el sueño nuevamente, lo que le fue muy difícil. La televisión ya estaba apagada y la imagen del joven médico no se separaba de su mente.

Al día siguiente, era sábado y era una mañana muy soleada. A lo lejos se escuchaba una estación de radio y todas las pacientes de la sala seguían la música para distraerse un poco de un día más de encierro.

El doctor no fue por la mañana. Hasta después de la comida fue a visitarla, le tomó la presión y se quedó platicando con ella cuando llegó Erick, de lo cual no se habían percatado ninguno de los dos, porque se quedó atrás de la cortina escuchando su conversación y de repente salió y muy sorprendido exclamó:

—Eh, conque se hablan de tú, no me lo habías dicho.

Bella se ruborizó y el doctor inmediatamente se puso de pie, a la vez que se disculpaba.

Historia de un amor imprescindible

—No vaya a malinterpretar esta confianza. Se debe a la juventud de mi paciente y de esta manera la relación entre ambos es menos fría y es momentánea, sólo durante la estancia de su esposa en el hospital.
—No la malinterpreto, sólo que Hermosa no me lo comentó ahora que estuvo en casa.
—No lo consideré conveniente, porque como dice el doctor, es sólo mientras estoy en el hospital.

Una vez aclarada esa situación, Erick le pidió al doctor que salieran para preguntar por la salud de su esposa. El doctor salió primero algo confundido, pero sin darle mucha importancia, le dio una amplia explicación acerca de la dificultad y los riesgos de la operación, los pros y los contras, asegurando que, debido al buen estado de salud general de la paciente, en una semana después de practicada y si no había ninguna complicación, estaría nuevamente en casa y se reincorporaría a sus actividades habituales a más tardar en un mes.

Arturo dio la explicación con palabras entrecortadas y sintiéndose algo nervioso por lo que Erick acababa de ver y el reclamo hacia su esposa por la manera de tratarse, pero lo disimuló perfectamente. Ambos se despidieron de mano y Erick agradeció la atención que tuvo el doctor para con él.

Arturo no pudo despedirse de Bella, sólo le dijo "hasta mañana, que descanses". Se alejó con el pesar de no haberse despedido y por ser sábado, tenía que retirarse a su casa y volvería a verla hasta el lunes de la siguiente semana, pero la llevaría en el pensamiento y en el corazón.

Por supuesto, Erick no quedó satisfecho con la explicación del por qué estaban en tan amena charla y le reclamó.

—**Veo que a la primera oportunidad que tienes buscas alguien para reemplazarme.**

—**Pues juzgas mal. El día que no quiera estar contigo, simplemente te lo digo y, me voy sin ningún remordimiento.**

—**Ya cálmate. No te alteres. Te hace daño.**

—**No. Lo que pienses o imagines es cosa tuya, a mí me tienen sin cuidado tus celos, yo soy lo que quiero ser y amo a quien tengo que amar.**

—**Te repito que te calmes, no te alteres, te perjudica enojarte.**

—**Estoy tranquila conmigo misma y no tengo que dar explicaciones a nadie.**

Historia de un amor imprescindible

Estaba muy molesta por los comentarios de Erick y no lo disimuló, por la respuesta tan agresiva y el comentario que hizo al respecto. Al parecer, Erick quedó satisfecho con esta explicación y ya no se mencionó nada.

Su esposo se quedó platicando con ella durante unos minutos, porque le avisaron que había más personas que deseaban subir a verla.

Era su hermano y su novia que subieron a saludarla, le preguntaron por su salud y le hicieron las preguntas que se refieren a la estancia hospitalaria, como en este caso y se despidieron después de platicar durante unos minutos.

Nuevamente subió Erick y se quedó con ella hasta que terminó la visita a las 6 de la tarde; se despidieron como siempre, con un beso y un **"hasta mañana, que te mejores. Espero tu pronto regreso a casa"**.

Bella lo miró alejarse, sintiendo en su corazón una extraña mezcla de sentimientos encontrados. Lo amaba, se había casado con él muy enamorada, pensando que era el mejor hombre del mundo, por eso lo había elegido entre tantos pretendientes que había tenido a quienes consideraba muy inferiores a ella, no porque fuera rico o superior, sino porque sentía que Erick era el mejor hombre que había conocido hasta antes de su ingreso al hospital. Al conocer al médico que la atendía, no lo amaba aún como a Erick y no estaba en sus planes futuros enamorarse perdidamente del él, sentía admiración y atracción por ese hombre tan galante, atento y sobre todo por su gran personalidad.

El domingo no fue el doctor al hospital, así que no se vieron.

Ese día transcurrió entre visitas de familiares políticos y amigos, todos preguntando por su salud, la cirugía y algunas veces se miraba la angustia en algunos rostros que desconocían por qué tenía que ser intervenida y la tranquilidad con que ella tomaba la cirugía, ignorando la gravedad de ésta.

A Bella no le molestaba repetir la historia de su estancia hospitalaria y a grandes rasgos los pormenores de la cirugía a cada persona que llegaba y se interesaba por su salud. Familiares y amigos subían y bajaban y a ella la compañía que más le agradaba era la de su papá, que tanto la quería y ella notaba la preocupación en su rostro. Lo tenía tomado de la mano porque entre los dos existía ese vínculo indestructible entre familiares, porque

Historia de un amor imprescindible

siendo la hija más pequeña, gozaba de la atención de sus hermanos mayores y sus padres.

Por fin, al día siguiente, era lunes cuando Arturo fue a saludarla por la mañana, como cuando no tenía operaciones programadas, sólo consulta y visita a sus pacientes internos y se habló sobre la cirugía.

—**Tu cirugía está programada para pasado mañana a las 8:00 a. m. Tienes que estar en total ayuno y tomar una cena ligera y muy temprano tu ducha.**
—**Entonces nos olvidamos de cenar una rica torta.**
—**Por el momento sí. Yo te realizaré la operación bajo la supervisión estricta de mis maestros y cuando vuelvas a tu cama, estarás totalmente curada de la hipertensión arterial que padeces hasta el día de hoy.**
—**Gracias anticipadas por todo lo que haces por mí.**

Arturo tomó una de sus manos y la apretó fuertemente y al soltarla depositó un tierno beso sobre ésta a la vez que la miraba con sus grandes ojos. Le tomó la presión y vio que, como siempre, no había mejorado ni una pulsación, su salud estaba igual desde el día que la conoció.

Herlinda Guerrero de la Mora

Dejó instrucciones escritas acerca de los medicamentos que se le debían administrar en el período preoperatorio y el ayuno, así como los alimentos que debía tomar durante 24 horas antes de la cirugía, además de los tranquilizantes que debían inyectar vía intravenosa, porque debía estar completamente tranquila, en reposo y con el estómago vacío para evitar que fuera a provocarle algún trastorno la anestesia general que le aplicarían el día programado.

Los estudios de laboratorio faltantes se llevaron a cabo. Los análisis generales estuvieron completos y en el expediente para cuando los médicos los solicitaron y las visitas diarias del médico a su paciente continuaban con regularidad. No hubo muestras de cariño que no fueran los acostumbrados saludos cordiales y las despedidas con el beso en la mano, las sonrisas y las pláticas informales sobre temas triviales.

Arturo se sentía algo nervioso, lo que pudo disimular perfectamente ante los ojos de Bella para no inquietarla. Ella, en cambio, daba gracias a Dios porque el día esperado se aproximaba.

El día de la cirugía llegó. Bella no tomó su baño acostumbrado por estar recibiendo ya una solución de suero preparado desde el

Historia de un amor imprescindible

día anterior. Despertó a las 7.30 aproximadamente y se sentía algo intranquila. Estaba vestida con su bata verde y fue llevada hasta el quirófano en una camilla, mientras iba en el elevador, conversaba con el camillero, haciéndole preguntas rutinarias e intrascendentes, hasta que llegaron a la sala de preparación para que se le pusiera la anestesia general y Arturo fue a saludarla.

—**Ya faltan unos minutos. Pronto entrarás a quirófano.**
—Me da mucho gusto que seas tú el que me practique la cirugía.
—**Sí. Sabes que aparte de que es mi deber, lo hago con mucho gusto, a la mejor de mis amigas y a la más linda mujer.**
—Gracias por el cumplido.
—**Es la verdad. Así te veo, así te considero. Cuando despiertes de la anestesia estarás completamente sana. Faltan unas cuantas horas. Descansa y piensa en algo agradable y placentero.**
—Trataré de hacerlo. Estoy tranquila. Algo me pusieron en este suero.
—**Sí. Di instrucciones que te pusieran un tranquilizante.**

Herlinda Guerrero de la Mora

—Me siento tan somnolienta y relajada, que no asimilo que esté a punto de entrar en un quirófano.
—¿Estás relajada y en completa paz?
—Sí. completamente. La semana pasada me confesé y está Jesucristo, mi mejor amigo aquí, acompañándome.
—¡Qué bueno! ¡No esperaba esa respuesta!
—Recuerda que soy católica, y todo viene de manos de Dios, principalmente la salud.
—Entonces que Dios nos acompañe.

Se alejó de la camilla y entró al quirófano. Cuando Bella lo miró vestido de verde con ropa de cirujano, totalmente cubierto de la cara, sólo asomaban sus grandes ojos con los que la miró atentamente y se quedaron muy grabados en su memoria.

Ella pensaba en lo bonita que sería su vida cuando estuviera sana. Volver a su casa, estar con sus papás y su esposo, sus hermanos y su sobrino al que tanto quería, buenos recuerdos pasaban por su mente cuando regresó Arturo y con voz muy calmada se acercó a su oído y le dijo:
—Vas a entrar en un sueño profundo y cuando despiertes, todo habrá pasado. Sabes que estoy a tu lado y haré lo que

Historia de un amor imprescindible

esté de mi parte para que te recuperes pronto. Ten confianza en mis maestros y en mí, que estaremos presentes. Recuerda algo hermoso que te haya ocurrido recientemente y cuando te pongan la anestesia general, empieza a contar del 1 al 10.

Hermosa, cambió de pensamiento. Sintió lo agradable que había sido conocerlo en ese hospital y ahora que ya eran amigos tan sinceros y queridos, mirando sus ojos mientras pasaba de la camilla a la cama de cirugía, se quedó profundamente dormida.

Arturo inició la operación con gran habilidad, supervisado por sus dos maestros que estaban asombrados de su profesionalismo como cirujano y ninguna observación le hicieron porque se manejaba con soltura y confianza, muy diferente de las ocasiones en que había sido ayudante de ambos que siempre notaron su nerviosismo e inexperiencia.

Se concretaron a comentar lo extraño del caso que ahora tenían debido a que la paciente era demasiado joven y sin haber encontrado la causa que ocasionó esa enfermedad y cuando el doctor Álvarez terminó, ambos lo felicitaron por su trabajo y profesionalismo, al igual que todos los ayudantes, el anestesiólogo, las enfermeras y estudiantes que presenciaron la cirugía, sin imaginar siquiera el lazo afectivo que le unía a su paciente.

Bella estaba dormida al pasarla nuevamente a una camilla y cuando despertó, sintió que su cintura estaba diferente; se tocó y pudo sentir un vendaje... le habían extraído el riñón, y aún no comprendía lo que eso significaba para su vida. Ignoraba los cuidados que debía tener de ese día en adelante, pero la esperanza de volver a una vida normal le hacía sentir mejor.

Abrió los ojos y aún estaba en la sala de recuperación y lo primero que hizo fue llamar a Arturo. Se acercó una enfermera asegurándole que lo llamaría. Enseguida entró el doctor y al verla le sonrió y lo primero que hizo fue preguntar:

—**¿Cómo te sientes? ¿te duele algo? Voy a tomarte la presión. No te agites. Acabamos de operarte hace dos horas. Me da gusto verte despierta. Todo salió como esperábamos, sin complicaciones y tu cuerpo respondió de maravilla. Eres una mujer muy joven, valiente y llena de vida.**

Inmediatamente al tomarle la presión, quedó asombrado de ver que había descendido de 200/140 a 120/80. Una

Historia de un amor imprescindible

amplia sonrisa se dibujó en su rostro y en sus labios concretándose sólo a exclamar:
—**Síiiii. Tu presión arterial es completamente normal.**

Lo dijo con tal euforia, que todos los que se encontraban en ese momento en la sala de recuperación voltearon a mirarlo y le preguntaron cuál era el motivo de su alegría. Contestó a todos sin poder ocultar la satisfacción que le producía ver sana a su amiga y paciente.

—**Es asombroso, hace unas horas, de acuerdo con las últimas lecturas, tu presión era alta, y ahora, es la primera vez que está normal. Hemos logrado que recuperes tu salud, Hermosa, tanto de nombre como de cara y sentimientos.**

Todos los presentes se asombraron del comentario del doctor, a quien estaban acostumbrados a ver siempre serio y callado, dando las indicaciones necesarias respecto a la salud de los pacientes que quedaban a su cargo y ahora, su comportamiento era extraño ya que por primera vez lo vieron sonreír de felicidad por el logro alcanzado.

Tomó fuertemente las manos de su paciente, como si quisiera decirle todo lo que sentía por dentro, pero no dijo nada, enmudeció y se limitó sólo a mirarla con sus grandes ojos y ella, correspondió, a la vez que se le rodaron algunas lágrimas mientras que, mirándolo le decía:

—Gracias por todo lo que has hecho por mí, aunque sé que es tu deber, siento que esta amistad que ahora existe entre nosotros intervino para que hicieras tu mayor esfuerzo para que yo sanara. Nunca dejaré de agradecértelo. Dios recompense tu trabajo y bendiga tus manos y tu vida.

Lo dijo con voz muy queda y entrecortada y él, secó sus lágrimas con un pañuelo desechable.

Todos los compañeros quedaron asombrados por las palabras de ambos y como estaban asignados a la sala de recuperación, desconocían la amistad y el cariño que existía entre ambos, y algunas enfermeras especializadas, jóvenes y solteras como el doctor, no perdían la esperanza de llamar su atención y llegar a tener al menos una relación con él, aunque fuera fugaz.

Bella estaba tan agradecida primeramente con Dios, luego con los tres médicos por esa operación tan exitosa, que sentía una muestra de agradecimiento y pena, de saber que en una semana se

Historia de un amor imprescindible

tendría que ir del hospital y quizá no volvería a ver a Arturo, aunque, dentro de la seminconsciencia que aún tenía a causa de la anestesia, se repetía que quizá fuera lo mejor para no fallar a lo que consideraba una gran falta, si llegaba a saberse sobre el oculto sentimiento de ambos.

Arturo no pudo permanecer a su lado esperando a que despertara completamente porque tenía más pacientes que atender y sólo le dijo:

—**Te veré después, cuando termine mi trabajo en los quirófanos, acá arriba. Si te llevan a tu cama no vayas a levantarte, estás muy débil, descansa y procura comer bien. Hoy estoy de guardia y bajaré a verte lo más pronto que pueda. Estaré tomando tu presión para revisar si hay algún cambio. Me da mucho gusto verte bien. Tienes buen color de piel a pesar de la sangre que perdiste, no fue mucha, pero sí de consideración. Ya di instrucciones de lo que debes comer para que te repongas rápido.**

—Gracias nuevamente Arturo. Dios te bendiga. **Nos vemos al rato.**

Bella volvió a quedarse dormida. Pasaron algunas horas, no supo cuántas, y

al despertar totalmente, estaba en su cama y vio a su mamá junto a ella.
—¿Cómo te sientes hijita mía?
—Bien mamá. Un poco confundida y adolorida. Ya el doctor Álvarez me tomó la presión y me dijo que al fin está completamente normal.
—Esperemos que así sea. Abajo está tu esposo y tu papá, los dos muy preocupados porque sólo nos decían que estabas en recuperación y ya van a ser las seis y no sabíamos nada.
—Gracias mamá. Ya ve que estoy bien.
—Si hijita. Van a subir a verte. De uno en uno y sólo unos minutos, porque hoy no tienes permitidas las visitas, y mucho menos de dos señores.
—¿Usted se va a quedar conmigo a cuidarme?
—Si mi Bella. No puedes quedarte sola. Estás muy delicada.
—Ya casi termina la visita. Preguntaré si pueden subir después que comas. Yo me quedo y te doy de cenar, Creo que unos juguitos y puede ser que una gelatina.

En ese momento llegaba la cena que contenía jugos de manzana, durazno, pera y uva, acompañadas de caldo de pollo, leche con chocolate y pan integral. Empezó a

Historia de un amor imprescindible

comer con la mano derecha, sin ocupar para nada la mano izquierda debido al suero que tenía conectado en una vena profunda del brazo. Tenía más de 24 horas sin comer, alimentada sólo por el suero.

Doña Laurita se quedó y la ayudó a tomar sus alimentos.

Al terminar la cena, su mamá le dijo que bajaría para que subiera su esposo, que ella se quedaría a cuidarla durante la noche, porque estaba muy delicada y no podía quedarse sola. Se alejó muy contenta, dejándola acostada sobre su almohada, después de haberle llevado agua para lavarse los dientes y de peinarla, porque traía el cabello muy alborotado, y sentía mal sabor en la boca, a pesar de haber cenado caldo de pollo. Se sentía muy cansada, hubiera querido seguir durmiendo, pero tenía que saludar a su familia y por lo menos comentarles cómo se sentía.

El primero en subir fue su papá, quien al verla le dio un beso en la frente, tomó sus manos y se le enrojecieron los ojos a la vez que comentaba:

—¡Qué gusto me da saber que todo salió bien!

—Gracias papá. Me da mucho gusto verlo. Mire, ya estoy bien.

Herlinda Guerrero de la Mora

—Pronto estarás en tu casa y podremos platicar ampliamente. Ahora sólo me dejaron subir unos minutos porque estás muy delicada. Me voy para que suba Erick.
—Gracias por venir a verme papá. Pronto estaré de regreso.

Lo miró alejarse con tristeza. Hubiera deseado platicar más tiempo con él, pero no estaba permitido y además ya era tarde y había terminado la hora de visita.

Cuando Erick subió, la abrazó, le acarició el cabello, le dio un beso en la frente y le dijo que estaba muy contento de saber que ya estaba sana y que pronto regresaría a casa, para retomar su vida normal.

Bella se quedó pensativa, porque ahora su corazón latía por otra persona. Sentía que ya no era la mujer enamorada que se había casado hacía un año con aquel hombre ejemplar. Ahora sus sentimientos y principalmente su amor estaban divididos, por un lado, su esposo, su familia, y por otro el doctor, quien le atraía profundamente; sabía que no tenía ninguna esperanza, pues ella era casada y dentro de su esquema social y moral, no cabía el engaño ni la posibilidad de amar a otro hombre. Estaba segura de que su amor era imposible, porque presentía los sentimientos que el

Historia de un amor imprescindible

doctor sentía por ella; en fin, se resignó a continuar con su vida y vivir el momento junto al hombre que tanto le atraía.

Erick sostenía la mano derecha de su esposa cuando llegó Arturo. Bella se apenó, no le retiró la mano y sólo se limitó a decirle que le agradeciera al doctor por tantas atenciones que había tenido con ella y por lo bien que había salido de la operación.

Inmediatamente Erick se puso de pie y estrechó la mano del doctor a la vez que agradecía de la forma más amable y educada —como era su costumbre, de acuerdo con su personalidad y su educación— todo lo hecho en favor de su esposa, a lo que el doctor contestó:

—Es mi deber, además lo hago con gusto, me alegra saber que está sana y pronto se irá a casa, después, todo ese sufrimiento será historia.

Se despidió muy amable de él y de ella, con una profunda mirada que dijo más que muchas palabras, pues ya existía entre ambos una conexión invisible. No se habían hablado de amor, pero sus ojos lo expresaban sin desearlo, pues era un sentimiento mutuo más grande que la moral, la sociedad e inclusive que ellos mismos.

Herlinda Guerrero de la Mora

Se alejó de la sala lamentando no haber podido verla a solas y disfrutar unos minutos de su presencia, conformándose con la idea de verla los días que aún tenía que estar en el hospital y con la esperanza de volver a estar a su lado.

Su esposo sólo pudo estar unos minutos al igual que su papá y se despidió prometiendo volver cuando le fuera posible. Su mamá se quedaría a cuidarla toda la noche. Dándole un ligero beso, se dirigió al elevador con una gran alegría porque pronto volvería su esposa, sana y salva, a su casa.

Al día siguiente cuando fueron a revisarla los tres doctores, le pidieron a doña Laurita que saliera, porque no estaba permitido que estuviera durante la visita de los médicos a los pacientes. Ella salió de la sala y Arturo recibió instrucciones de sus maestros de destapar la herida.

Ambos la revisaron y lo felicitaron nuevamente por lo bien que se veía, no había sangrado y estaba en perfectas condiciones. La cubrió nuevamente y al tomarle los maestros la presión, ambos estuvieron de acuerdo con que había sido un buen diagnóstico, pues la presión arterial de la paciente estaba completamente normal. Bella les pidió que le dieran algo diferente de comer, y Arturo dijo que ya comiera de todo, que daría por escrito las instrucciones precisas.

     Los tres galenos se despidieron de ella y le informaron a su mamá que estaba muy bien de salud y recuperándose rápidamente y que en unos días podría regresar a casa. La señora Laurita se puso muy contenta y agradeció a Dios y a la ciencia de los médicos que le habían devuelto la salud a su hija a quien tanto amaba.

     Cuando estuvo nuevamente junto a ella, se limitó a darle un beso, le tomó las manos y le dijo que pronto regresaría a casa, donde le esperaba una vida feliz junto a su esposo que tanto la amaba. Ella no la contradijo, pues sabía que esa era la triste realidad.

     Poco tiempo después llegó la dietista a comunicarle que había recibido instrucciones de darle dieta "de complacencia", porque ya no tenía hipertensión.

—Buenos días y muchas felicidades Hermosa. Ha dicho el doctor que está completamente sana. Elija qué quiere comer, tengo enchiladas con pollo, cerdo con calabacitas a la mexicana y caldo de pollo.—Enchiladas por favor. Caldo de pollo, ni verlo. Ambas se rieron.—Con mucho gusto. Tomo nota.— ¿Vienen con arroz? Tengo meses sin

comer sal y todo sabe a cartón.—Sí, por supuesto. Te mandaré frijolitos con totopos.—Se imagina, pura dieta sin sal, blanda sin salcita, en fin, usted me comprende.—Sí que la comprendo. Llevo años en este hospital y he visto la cara de desprecio hacia la dieta sin sal.—Gracias, y que Dios la bendiga.—Le aseguro que hoy comerá rico y diferente.

Desafortunadamente ya no fue posible que le llevaran lo que pidió en el horario de comida porque era tarde, sino hasta la cena. Comió tan ávidamente, que cualquiera hubiera dicho que era la primera vez que las probaba en su vida, las sirvieron con un crujiente bolillo, arroz y una deliciosa agua de tamarindo.

Historia de un amor imprescindible

Capítulo IV

EL PRIMER BESO

> El amor por la fuerza nada vale.
> La fuerza sin amor es energía gastada en vano.
>
> Albert Einstein

Herlinda Guerrero de la Mora

Al siguiente día, Hermosa se sintió mal. Le dolía el estómago y no quiso desayunar. Consideraba que era consecuencia de haber comido enchiladas día anterior. Pidió a la enfermera que llamara al Dr. Álvarez para comentarle acerca del malestar que sentía. El doctor no pudo verla por la mañana porque tuvo varias cirugías y se presentó en la sala de su paciente hasta casi las 3 de la tarde. Bella no había comido bien porque tenía el vientre muy inflamado.
—**Bella, ¿cómo estás?**
—**Me siento mal. No comí bien. Tengo muy inflamado el estómago.**
—**Voy a revisarte.**
    Inmediatamente Arturo le revisó el vientre, palpándolo y sintiendo demasiados espasmos y sólo se concretó a mover negativamente la cabeza.
—**¿Qué comiste ayer?**
—**Vino la dietista y me ofreció enchiladas y, como tenía mucha hambre las acepté. Creo que fue mala idea.**
—**¿Has tenido gases?**
—**Sí, y también dolor y nauseas.**
—**Es lo que temía. Tienes colitis por haber comido el mole después de haber pasado tanto tiempo con dieta tan estricta.**

Historia de un amor imprescindible

—¿La dietista no sabía que no debía comerlo?
—No creo. Yo sólo di instrucciones que te dieran "dieta de complacencia", pero no imaginé que comerías mole en tu primera comida libre.
—Y ahora, ¿qué haremos?
—Tomar los medicamentos adecuados. Pronto estarás bien del aparato digestivo.
—Gracias Arturo. Siempre tan bueno conmigo.
—Y de la operación, ¿cómo te sientes?
—Me duele un poco, pero me han dado analgésicos. **Sé que pronto pasará.**
—¿Ya caminaste y te bañaste?
—No he caminado. Sí me bañé con la ayuda de mi mamá. Dijo la jefa de enfermeras que hasta que me revisaras y dieras instrucciones de retirar el suero, porque tienes que hacer unas suturas por la profundidad del catéter.
—Voy a revisarte y veré si te lo quito ahora mismo.

    Arturo estaba muy apenado que Bella hubiera enfermado tan repentinamente, le recetó medicina para la colitis para que le disminuyera la inflamación, estaba tomándole la presión a la vez que le sostenía la mano, cuando entró Erick, los vio, se molestó porque el doctor la tenía de la mano y ambos le dijeron que no malinterpretara las cosas, que le estaba tomando el pulso, era evidente los había sorprendido en una caricia prohibida.

—No te retiro el suero. Todavía no es tiempo. Que sigas mejor.
—Gracias doctor por haber venido. Dios te acompañe.
—Hasta mañana. Que sigas mejor.

En cuanto terminó de escribir las instrucciones de la nueva medicina y anotar los signos vitales y la nueva presión arterial, el médico se despidió de ambos. Salió con pasos largos sin voltear a verla, ella lo miró alejarse y hubiera querido seguirlo, pero no era posible, casi no podía caminar, tenía sólo un día de operada y estaba su marido allí, quien por supuesto, se puso muy serio por la escena que acababa de presenciar.

A pesar de la convalecencia de Bella, Erick no pudo contener la ira y le reclamó sobre lo que acababa de presenciar, exigiéndole una explicación convincente, a lo que Bella sólo se limitó a contestarle que estaba en un error, que sus ojos le habían engañado. Para Erick era la segunda vez que la sorprendía en situaciones semejantes y sintió que todo se derrumbaba para él, que perdería a su amada esposa si no luchaba

Historia de un amor imprescindible

por conservar su cariño y no sabía si continuar con la discusión o sólo limitarse a quererla y esperar que ella recapacitara.

El tiempo de visita transcurrió rápidamente. No hubo más discusiones ni reclamos, tampoco hubo palabras de aliento ni de cariño y aproximadamente a la media hora que se había ido el doctor, llegó una enfermera con el medicamento indicado haciendo hincapié en que las órdenes del doctor fueron precisas, de no demorar con la medicina porque la paciente la necesitaba con urgencia.

Al parecer, hasta eso le molestó al esposo, diciendo que el doctor tenía mucho cuidado e interés en atender sus necesidades inmediatas y que se tomaba demasiadas molestias con una paciente que acababa de conocer hacía unos meses, a lo que ella no contestó y simplemente ignoró el mordaz comentario, volteó la cara y no quiso discutir.

Terminó el tiempo de visita. Erick se despidió y cuando se acercó para darle un beso de despedida, ella sintió que no debía hacerlo, aunque era su deber, algo muy profundo le indicaba que no lo hiciera, fue un beso superficial, más por obligación que por placer.

Herlinda Guerrero de la Mora

Como ya habían pasado las 24 horas de la operación, doña Laurita tuvo que dejar sola a su hija, porque no estaba permitido que se quedara más tiempo, porque la paciente tenía que empezar a valerse por sí sola. Regresaron su esposo y su mamá a casa con el pendiente de dejarla, pero eran las políticas del hospital.

Casi a las 9 de la noche regresó Arturo a verla.
—**¿Cómo te sientes Bella?**
—**Creo que tu presencia es mi medicina.**
—**Pues llegó tu medicina.**

Él tomó las manos de Bella entre las suyas, las besó tiernamente y se inclinó para darle un caluroso y tierno beso en los labios. Hermosa lo aceptó con tanto gusto, que, sin soltarse las manos levantó la cabeza y nuevamente le invitó a repetir la acción, sólo que ahora, él con una mano sobre las de ella y con la mano derecha sostuvo su cabeza y ambos se entregaron el corazón en ese primer beso, haciendo un mudo pacto de amor que trascendería más allá del tiempo y del espacio.

Esos sentimientos que se demostraron en ese primero y único beso fueron tan sinceros, desinteresados, apasionados e indescriptibles, que se quedaron en el corazón y en la mente de cada uno marcando sus vidas para siempre.

El primero en reaccionar fue Arturo, se sintió muy apenado por haber tomado la iniciativa y sin salir de su sobresalto preguntó:

—¿Qué hemos hecho? Esto está prohibidísimo en el hospital, tú eres mi paciente, yo soy tu médico, esto no debió pasar.
—¿Te arrepientes de habernos besado? Yo no.
—De haberte besado no me arrepiento.
—¿Entonces por qué tu comentario?
—Porque estamos en el hospital.
—Lo hecho, hecho está.
—Sí. Ya lo hicimos. Y ¡muy bien hecho!
—Ambos sentimos esa atracción del uno por el otro.
—De ninguna manera me arrepiento, porque esto debí haberlo hecho desde hace mucho tiempo.
—¿Y por qué lo hiciste hasta ahora?
—Porque no estaba seguro de que fueras a aceptarlo, por eso me detuve durante tantos meses.
—Creo que en el fondo yo también lo deseaba.
—Ahora que ya estás operada, en recuperación y tu presión arterial ha

vuelto a la normalidad, estás a punto que te demos de alta, que te vayas...
—Sí Arturo, pronto tendré que irme.
—No podías irte sin saber que te amo y lo mucho que he sufrido por tener que contener mis ansias por besarte.
—Lo comprendo de verdad.
—No me importa que estés casada. Que seas una mujer prohibida para mí, que seas un amor imposible..., te amo como nunca he amado a nadie.
—... pero...
—Eres y siempre serás la mujer de mi vida. No ha habido ni habrá nadie como tú y este momento se quedará grabado en mi memoria y en mi corazón para toda la vida.

Hermosa no contestó. Se quedó mirándolo fijamente con una mezcla de extrañeza y admiración. No comprendió que fuera capaz de inspirar algo tan bello como lo que había provocado en ese hombre que conoció unos cuantos meses atrás; claro, le parecía demasiado atractivo, pero debido a su estado civil, no podía existir nada entre ellos, así que lo miró fijamente a los ojos, le sonrió y le dijo:
—No puedo creerlo, no puede ser, es más, no debe ser.

Historia de un amor imprescindible

Dos lágrimas rodaron por sus mejillas. Arturo sacó un pañuelo de la bolsa de su pantalón y las secó mientras que le decía:
—**No muñeca, no llores, este sentimiento tan bello que me has inspirado es el más noble y hermoso; sé que lo nuestro es prohibido, aunque en el corazón no se manda, y ahora estás en él y en mi mente, estoy seguro que jamás saldrás de allí porque eres una mujer muy bella, como tu nombre, la mujer con la que siempre he soñado y ahora que te encontré, no me importa cómo, sólo sé que te amo y te entrego mi corazón. Llévatelo porque desde que te conocí, te pertenece.**

Y volvió a besarla, como queriendo entregarle en ese beso todo su corazón. Impedir que se fuera o en su defecto, irse con ella hasta el fin del mundo.

Bella no lo rechazó. Por el contrario, se entregó a ese momento prohibido, íntimo, inolvidable y muy suyo. Por su mente cruzaron mil ideas, lamentó que pronto tendría que alejarse de él y todo quedaría como un bello recuerdo.
—**Tengo miedo a la separación.**
—**Yo también. No quiero que te vayas.**
—**Siento algo diferente que no había experimentado antes.**

Herlinda Guerrero de la Mora

—A mí me pasó lo mismo.
—Estaba segura de que era una mezcla de admiración y agradecimiento, amor y deseo.
—Te admiro. Me gustas mucho. Te amo Bella. Te amo.
—Son sentimientos muy diferentes. No me había ocurrido antes. Me casé con mi primer novio. Tenía sólo 19 años. ¿Qué voy a hacer?
—No puedo perderte ahora que te tengo.
—Ambos sabemos que no puede ser.

¿Qué podían hacer si conocían perfectamente los impedimentos que les permitirían estar unidos? Sólo se concretaron a estrecharse muy fuertemente las manos, mirarse y decirse en esas miradas cuánto se amaban y cuánta falta se hacían uno al otro.

Hubieran querido detener el tiempo, decirse tantas cosas y expresar su amor como lo hacen los jóvenes ávidos de caricias, de deseo y de sentimientos tan sinceros. Afortunadamente las cortinas estaban corridas y nadie se dio cuenta de lo ocurrido. Arturo se despidió sin intentar repetir la escena anterior y sólo se concretó a decir:

Historia de un amor imprescindible

—Te amo demasiado. Tu presencia se quedará clavada en mi mente y en mi corazón para siempre. Eres la mujer de mi vida.

Bella escuchó sin contestar. Por su mente corrieron cientos de ideas y remordimientos. No sabía si reclamarle por haber hablado al fin o de plano, comerse a besos como ambos lo deseaban, o hacer de cuenta que había sido un mal rato. Se le rodaron dos lágrimas nuevamente y sólo pudo decir:

—Ya pensaremos en alguna solución, hay que esperar a ver qué pasa.

—Sí mi amor. Sólo nos queda esperar y buscar una solución.

Al despedirse, besó sus manos y la miró. Se resistía a dejar de verla, a separarse de esa mujer que ahora sentía suya, porque estaba seguro de que en ese beso ella le había entregado su corazón y que, desde ese momento, pasara lo que pasara, se pertenecían para siempre, porque no fue sólo un beso, fue una entrega de corazones, sentimientos y a la vez una fusión de almas.

Todos los días que Bella aún permaneció en el hospital, antes de iniciar sus labores cotidianas, el doctor iba a saludarla, a tomarle la presión y cuando había oportunidad besaba sus manos, ella se dejaba llevar por esas caricias, no podía rechazarlas porque también las disfrutaba, sólo que no las correspondía, sólo se concretaba a mirarlo y al hacerlo, le enviaba mensajes ocultos, que eran tan bien interpretados por él, que ambos se sentían como entre nubes.

Eran solo unos minutos que se miraban y transcurrían tan rápido, que les parecían unos cuantos segundos. Los dos sentían que era insuficiente tiempo para continuar tejiendo ese amor, que se estaba gestando en el corazón de ambos, a partir de ese primer beso que en forma clandestina se dieron.

Durante esa semana, los días que le tocó guardia a Arturo, al terminar el recorrido y la revisión de los pacientes a su cargo, se dirigía a la habitación donde Bella estaba internada y pasaba la tarde en su compañía, tomaban un té o un café platicando, contaban chistes, se reían, le tomaba la presión, cuando tenía la oportunidad le besaba las manos, pero no volvieron a repetir el beso que se dieran en la boca por primera vez por miedo a ser descubiertos.

A pesar de la discreción de su romance, empezaba a murmurarse entre las

Historia de un amor imprescindible

enfermeras que era demasiado raro que el doctor siempre estuviera visitando a esa paciente, lo que a él no le molestaba en lo más mínimo y cuando alguien llegaba a hacerle algún comentario, se concretaba a contestar que era amistad que había nacido entre médico y paciente.

Los días del post operatorio pasaron tan rápido, que Bella hubiera querido quedarse en el hospital por más tiempo y seguirlo viendo, eso ya no fue posible. El día de su partida llegó e inevitablemente tuvo que recoger sus objetos personales. Su caminar era lento, todavía no podía enderezarse del todo, estaba inclinada hacia la derecha porque aún le dolía la herida, que ya había cerrado completamente, pero seguía molestando un poco. Se sentía muy feliz de regresar a casa, pero en el fondo de su alma no concebía la idea de dejar de ver a Arturo y una tristeza oculta embargaba su corazón. No se explicaba cómo, amando a su esposo como lo amaba, había dado entrada a un nuevo y muy diferente sentimiento. No estaba segura si era amor verdadero, pero sí un sentimiento muy hermoso que ahora embriagaba su corazón y su alma nuevamente.

No volvieron a besarse en el hospital debido al peligro que esto representaba;

cada vez que se veían sus ojos decían más que las palabras. Se besaban a través de ellos. Así transcurrió la semana de recuperación, cuando fue a retirarle los puntos de la operación.
—**Muy a mi pesar, tengo que darte de alta. Estás completamente sana, así que hoy debes abandonar el hospital.**
—**No por favor. No me digas que tengo que irme.**
—**Desafortunadamente así es.**
—**No estoy segura de soportar alejarme de ti.**
—**Tienes que hacerlo. Tu próxima cita conmigo es para dentro de dos semanas.**
—**¿Dos semanas...?**
—**Así es. Dos semanas sin verte, no sé si lo resista. Creo que no voy a soportar que te vayas, me harás mucha falta. Ya no sentiré ese deseo tan vehemente de llegar al hospital sabiendo que no te encontraré aquí.**
—**Entonces, disfrutemos al máximo estos momentos que aún nos quedan de mi estancia aquí.**
—**Son sólo unos minutos.**
—**Sí, unos minutos que nos parecerán segundos.**

Historia de un amor imprescindible

A ella también le dolía tener que irse. Aún palpitaba en sus labios aquella vez que ambos se besaron. Sentía en su corazón latir esa fuerza que la impulsaba a extrañarlo antes de irse, tenía que resignarse a volver a su vida normal.

Se despidieron ese último día de estancia en el hospital. Arturo le entregó su receta para que se llevara sus medicamentos necesarios y suficientes, a la vez que le recomendaba:
—**No vayas a olvidar alguno de tus objetos personales.**
—**A mi pesar, tengo que empacarlos.**
—**No lo olvides. Nos vemos en quince días.**
—**Te aseguro que no lo olvidaré.**
—**Espero sigas mejor. Es muy importante que acudas puntual a tu cita médica.**
—**Llegaré puntual, te lo prometo.**
—**Es muy importante que acudas para revisarte y saber sobre tu avance y revisar tu presión arterial.**
—**Sí. Comprendo la importancia de no faltar a mi cita.**
—**Además sabes que te espero para volver a vernos. Guarda en tu mente y tu corazón todo lo ocurrido en estos últimos días. Eres una persona muy**

especial. Eres lo más bello que he tenido en mi vida.
—Por ningún motivo faltaré. Antes sólo venía por mi salud, ahora tengo un motivo mucho más poderoso para venir que simplemente una cita médica.

Se despidieron dejando cada uno en el otro, ese bello recuerdo de un amor que había nacido entre ambos.

Erick estaba afuera esperándola para llevarla a casa. No tenían coche aún y en el trayecto del hospital a su casa, él estaba muy contento de que Hermosa estuviera sana al fin. Sin reproches de ninguna especie intentaba entablar una conversación con ella respecto a su salud y su estancia en el hospital, a lo que Bella le contestaba con frases muy simples y entrecortadas por no estar poniéndole completa atención.

Su pensamiento y su corazón se habían quedado en el hospital, al lado de ese hombre al que conoció hacía unos meses y al que, en un beso, en un simple beso, le había entregado su corazón e imaginando cómo sería su vida de ese momento en adelante por tener que convivir con dos seres tan amados como eran su esposo y su nuevo amor prohibido, sin importar las circunstancias en que nació.

Historia de un amor imprescindible

Todo lo ocurrido en su última estancia no fue olvidado por ella. Sentía que el tiempo que faltaba para volver a verse pasaría tan lentamente. No estaba segura si pudiera sobrevivir sin la presencia del ser amado. Sentía un fuego abrazador en su pecho y cuando trataba de explicarse lo que le ocurría, inmediatamente regresaban a su mente los recuerdos de aquellos días de plática, de las exquisitas tortas, las noches viendo películas y comiendo caramelos, en fin, todo lo que había quedado grabado en su memoria desde que lo conoció hasta el día que fue dada de alta y tuvieron que separarse.

Herlinda Guerrero de la Mora

Capítulo V

LA PRIMERA CITA

El tiempo es:
Muy lento para los que esperan.
Muy rápido para los que temen.
Muy largo para los que sufren.
Muy corto para los que gozan, pero para quienes aman...
El tiempo... es una eternidad.

William Shakespeare.

Historia de un amor imprescindible

En esas dos semanas que faltaban para volver a verse, Hermosa se fue a casa. Estaba convaleciente y no podía caminar erguida, aunque se esforzaba en hacerlo.

Su carácter sufrió un cambio. Era alegre, cantaba y bailaba (según se lo permitían sus fuerzas) todo el tiempo, continuó haciéndolo, pero ahora tenía un motivo para hacerlo y cuando alguien le preguntaba el porqué de su comportamiento, contestaba que por tener salud daba gracias a Dios y por todo lo que hasta ese día le había permitido tener.

Nunca habló con nadie de lo ocurrido ni comentó sus sentimientos. Todo lo guardó para ella, tanto su gozo como su vivencia amorosa, sus sentimientos y ese único beso. Esperaba que transcurrieran los 15 días para volver a ver a su nuevo amor, sin olvidar que era un amor prohibido.

Los primeros días la cuidó su sobrina de 16 años, la atendió como lo hace una hermana. Le arreglaba la cama, le daba la mano para sentarse, la llevaba al baño y la acompañaba toda la tarde. Doña Laurita preparaba de comer y les llevaba a ambas, hasta la noche cuando al llegar su tío la jovencita regresaba a su casa.

Desde ese momento, Erick la atendía, le daba de cenar y la llenaba de mimos y cuidados. Algunas veces le llevaba flores, chocolates; en fin, se deshacía en atenciones como queriendo borrar los días vividos en el hospital. Deseaba que Bella desechara de su mente todo recuerdo de aquel lugar donde sintió que podía perderla. La amaba demasiado y le atormentaba pensar que ella guardara algún recuerdo de persona alguna o acontecimiento que pudiera alejarlos.

Bella, a pesar de todo lo que recibía de su esposo, conociendo sus sentimientos, seguía recordando aquel primer y único beso. Sentía las manos de Arturo sobre las suyas..., su aliento al besarlas, su presencia, reviviendo aquellos momentos juntos, desde que se miraron y cómo empezó él a ganarse su cariño y su confianza; cuando le llevaba la media torta, las innumerables ocasiones que se quedó acompañándola con el pretexto de ver una película o las veces que iba sólo a tomarle la presión y se quedaba unos minutos en la sala, la saludaba y se despedía muy a su pesar.

Todos esos recuerdos estaban muy vivos en su memoria y no sabía si tendría el valor de regresar al hospital, verlo nuevamente y despedirse de él..., regresar a su vida cotidiana al lado de su esposo. Todo era confuso en su mente y en su corazón.

Historia de un amor imprescindible

El tiempo pasó muy rápidamente. el día de la cita llegó y desde la noche anterior no pudo dormir tranquila. Mil pensamientos llegaban a su mente. La indecisión sobre lo que debería ser su vida futura la atormentaba a medida que se acercaba la mañana y debía acudir a su consulta con el médico que últimamente había ocupado su corazón y sus pensamientos.

Por la mañana era todo un manojo de nervios. Despertó a las 5.30 de la mañana y tomó una breve ducha. Estaba indecisa sobre la ropa que debía vestir, qué le diría, acerca de su comportamiento, si resistiría besarlo o simplemente olvidar lo que pasó y tratarlo como el gran amigo que una vez consideró que era.

Bella se arregló como nunca lo había hecho. Maquilló su cara de una forma muy juvenil y discreta. Peinó su cabello con un prendedor que tenía un letrero con su nombre, "Hermosa". Vestía pantalón de mezclilla azul claro, blusa de cuadros en azul oscuro y suéter que combinara con ambos. Se puso unos aretes de perlitas, reloj de pulsera, dos anillos, tres pulseritas azules en la otra mano, traía las uñas pintadas de color blanco, sus tenis y calcetas también eran blancas.

Herlinda Guerrero de la Mora

Cerca de las siete de la mañana salieron de casa. La llevó su mamá en taxi hasta el hospital, que estaba bastante retirado de donde vivían y durante todo el camino ella no podía pensar en qué iba a decirle y su nerviosismo era más que notorio, porque cuando llegaron al hospital y tomaron el ascensor, Hermosa iba temblando y su mamá lo notó porque nunca la había visto así y le preguntó:

—**¿Qué te pasa hija, por qué tiemblas? Sólo vamos a consulta, a que te revise el doctor y te diga que estás bien y puedes regresar a tu vida normal.**

—No me pasa nada mamá.

—**En ocasiones anteriores que veníamos a consulta, nunca te vi temblando y mira, ahora que ya estás operada, estás más nerviosa que nunca.**

—**Es sólo la tensión por lo caro que nos salió el taxi.**

—No te preocupes por eso.

—**Como antes veníamos en metro y en camión, por eso se me ha hecho mucho pagar tanto.**

—**Mira, ya llegamos. No pienses en el dinero.**

Bajaron del ascensor caminando lentamente y cuando llegaron al consultorio, Hermosa tocó la puerta para avisar que

Historia de un amor imprescindible

había llegado y al estar hablando con la enfermera y decirle que tenía la cita programada. Arturo al escuchar su voz, se levantó rápidamente de su escritorio y salió de inmediato del consultorio. Dejó al paciente que atendía y fue a saludarla, a la vez que le daba la bienvenida y también fue hacia donde estaba sentada su mamá y la saludó muy afectuosamente. Le dijo a su joven amiga:
—Termino con este paciente y enseguida te atiendo.
—Muchas gracias. Espero.

Eso no era justo, ya que había más pacientes en la sala de espera, a quienes se les hizo raro ver que el doctor saliera a recibirla y saludara a su mamá de esa forma tan inesperada y atenta, como si las conociera o fueran grandes amistades.

Durante el tiempo que tuvo que esperar a ser atendida, el cual fue muy breve, sintió que su corazón latía más fuerte, parecía que se saldría de su pecho. Se sentía muy feliz por haber tocado nuevamente sus manos, haber mirado sus ojos y verlo como siempre, tan educado, serio y amable, sólo con la diferencia que ahora sonrió al momento de verla, actitud demasiado extraña para el personal del hospital, con quien siempre era educado y amable, pero no sonriente.

Sólo atendió a una paciente más y enseguida la llamó. Su mamá se puso de pie para acompañarla, pero ella le dijo que no era necesario, que ya podía caminar bien, que la esperara afuera. Esto era con la intención de platicar con el médico a solas, pero no contaba con que la enfermera estaría presente y nada más se concretó a saludarlo con ambas manos, cosa que él también hizo, con mucha ternura, sólo que esta vez no las besó porque no estaban solos en el consultorio.

Ambos estaban muy nerviosos. Arturo comenzó a preguntar primero sobre su estado de ánimo y las molestias que tuvo.

—**Es un placer volver a verte. ¿Te sientes feliz?**

—**Igualmente. No imaginas el gusto que me produce estar aquí. Sí, efectivamente, me siento muy feliz.**

—**Y, ¿has tenido dolor en la herida?**

—**No, ninguno. Sólo tengo molestias porque no puedo caminar enderezada totalmente, todavía estoy algo inclinada hacia el lado derecho.**

—**Pronto te erguirás totalmente. Primero que nada, voy a tomarte la presión.**

Historia de un amor imprescindible

—Gracias. Como siempre eres muy amable.
—Ya sabes que es un gusto atenderte y además es mi deber como tu médico, revisar que estés en muy buen estado de salud.
—Tienes razón. Revisa si mi presión no ha tenido cambios.
—Perfecto, estás totalmente sana. Esto merece un brindis.

Ambos se rieron. Espontáneamente se dieron un caluroso y sincero abrazo, ignorando a la enfermera que los observó sorprendida. En ese abrazo, intercambiaron la ternura y las caricias que hubieran querido entregarse durante esas dos semanas que no se vieron, no se hablaron y sólo se enviaron amorosos pensamientos.
—Si desea doctor puedo traerle una botella de champagne para que brinden.
—No es necesario, señorita. Gracias por su amabilidad. Fue sólo un cumplido para mi paciente.

El comentario no fue del agrado del doctor. Tuvo que aguantarlo porque no tenían la oportunidad de hablar a solas y eso les inquietaba, hasta que se le ocurrió a Arturo pedirle un favor a la enfermera y aprovechar su breve ausencia, para poder

intercambiar algunas palabras con Hermosa sin la presencia de terceros y cuando la ayudante salió, sólo alcanzó a decirle:
—**Es urgente que te vea en otro lado, necesito escuchar tu voz, saber de ti, te necesito, por favor, llámame...**
La miró con tal ansiedad e insistencia y le dio su número de teléfono anotado en un papel, mismo que Bella metió en la bolsa de su pantalón y continuaron hablando acerca de cómo se había sentido desde que fue dada de alta del hospital.
La enfermera no tardó y cuando entraba al consultorio, sólo se limitó a dar el recado y Arturo no tuvo más remedio que extender la receta y anotar en el expediente los avances médicos de su joven y amada paciente.
—**Programa tu cita. Te veré en un mes.**
—**Gracias por tu atención. Lo haré.**
—**Estás perfectamente bien. No es necesario que regreses antes. Sólo que tengas algún malestar, algo de urgencia, búscame si tienes alguna complicación o duda.**
—**Eres muy amable. Me siento tan bien, que creo que no será necesario molestarte. Nos veremos nuevamente hasta dentro de un mes.**

Historia de un amor imprescindible

—Eso espero. También deseo que sigas mejorando y cuando camines, intenta hacerlo derecha. Poco a poco vas a lograrlo.

Cuando se despidieron él le dio un abrazo, besó su mejilla y su mano, sin importar que los viera la enfermera. No podía dejarla ir sin demostrarle nuevamente cuánto la amaba y la extrañaba, la falta que le hacía su presencia a la vez que muy quedamente, casi en un susurro le decía:

—No sabes el gusto que me da saber que estás bien, verte sana, caminando, te puedo asegurar que muy pronto desaparecerá cualquier malestar. Nos vemos después. Llámame.

Se despidieron sintiendo esa dependencia emocional del uno por el otro y al mirarse, se repitió mentalmente la escena del primer beso, donde ambos se juraron amor eterno, se entregaron el alma y el corazón uno al otro, en una muda declaración, en ese instante se dijeron cuánto se amaban.

No hacían falta las palabras, en esa mirada estaba escrito todo lo que cada uno quería decirle al otro, los besos que deseaban darse, el amor que deseaban entregarse y todas las palabras que aún no se habían dicho. Sólo esperaban el momento oportuno fuera del hospital para dar rienda suelta a su amor y a esa pasión que habían despertado en aquel beso tan recordado en gran número de veces por ambos.

Desafortunadamente, se ensució el pantalón y al otro día llegó la señora del aseo y lavó la ropa. Por descuido, Hermosa no sacó el papel con el número de teléfono escrito, así que no pudo llamarle, no sabía qué hacer y él, por su parte, se la pasaba pendiente del teléfono esperándola, pero esa llamada no llegó y el mes trascurrió muy lentamente.

En ese mes ella caminó normal. Continuó con sus medicamentos e hizo todos los ejercicios prescritos por su médico y cada vez se sentía mejor de salud. Su alegría y entusiasmo eran muy notorios para todos los que la rodeaban y cuando era cuestionada, sólo contestaba:

—**Estoy feliz porque estoy sana.**

Cuando fue nuevamente el día de la cita médica, asistió sola al hospital porque se sentía muy bien, restablecida del todo; tenía casi dos meses de operada y pudo abordar el transporte público sin dificultad. Subió y bajó las escaleras lentamente, apoyándose en los pasamanos porque ya no aceptó que la acompañara su mamá.

Historia de un amor imprescindible

Se sentía feliz y nerviosa al mismo tiempo. Llegó al hospital, tomó el ascensor y frente al consultorio tocó levemente y esperó hasta que se abriera la puerta. Había algunas personas sentadas en las sillas del pasillo y ella también tomó asiento y sacó su libro. No entendía lo que leía porque sólo esperaba encontrarse una vez más con su nuevo amor.

Esperó unos minutos, entró un paciente al consultorio y cuando éste salió, Bella se acercó a la puerta y desde lejos le saludó con la mano, a lo que Arturo correspondió con una sonrisa muy franca a la vez que hizo la señal de espera un poco.

La llamó por su nombre, Hermosa entró al consultorio y al verlo, se repitió la escena de las manos. Arturo las besó con ternura. Se abrazaron con mucho cariño y ambos se besaron la mejilla. Ese día no había enfermera, así que estaban solos en el consultorio y él lo primero que hizo fue reclamarle.

—**Hermosa, qué cruel eres. Me tuviste esperando tu llamada durante un mes.**
—**Perdón, mil perdones, es que...**
—**No te disculpes. Sólo dime si quieres que nos veamos fuera del hospital.**
—**Claro que sí. Discúlpame. Por un descuido perdí el número de teléfono.**

Herlinda Guerrero de la Mora

**Lavaron mi pantalón y se borró. Fue un olvido de mi parte.
—Lo importante es que estás aquí.
—Sí. Yo también tenía muchos deseos de verte nuevamente.
—Primero que nada, empecemos con tu salud. Voy a tomarte la presión.
—Como tú quieras. Primero haz la revisión que debes hacer.**

Ambos se miraron a los ojos y sin reproches, se dispusieron a platicar sobre la salud, primeramente y cuando él terminó de tomarle la presión, revisó la cicatriz y la felicitó por el progreso, el tema fue el amor. Se sentían totalmente enamorados y sabían que se necesitaban mutuamente y al terminar la consulta, Arturo tomó la iniciativa:
**—Quiero que salgamos. Este no es el lugar apropiado para hablar.
—También lo considero así.
—Espérame a que termine la consulta y vamos a otro lado.
—¿Cuánto tiempo tardarás?
—Aproximadamente dos horas. Te invito a comer. Tengo tantas cosas que decirte.**

Bella se sentía cohibida. Pensó rápidamente. sabía que, a pesar de amarlo y desear sus caricias, sentir nuevamente el

Historia de un amor imprescindible

sabor de aquel inolvidable beso, anhelar su compañía, era un amor prohibido. Debía romper inmediatamente con esa relación que imaginaba no los llevaría a nada conveniente para ambos, debido a sus valores morales, así que se concretó a contestar:

—No puedo quedarme mucho tiempo.
—¿Por qué? ¿Tienes algún compromiso?
—No es conveniente. Es mejor olvidarte. Nuestro amor no puede ser.
—No acepto este rechazo. Eres la mujer de mi vida. No podemos renunciar a este mutuo amor. Nos amamos y nos necesitamos.
—Sí, es verdad. Pero es un amor prohibido. No soy libre para poder amarnos. Por favor, déjame ir.
—No te irás hasta que me prometas que nos veremos. Si no puedes hoy, dime cuándo. Dame una fecha.
—No lo puedo precisar. Déjame pensarlo un poco.
—Todo lo haremos sin compromiso para ninguno de los dos. Nada más disfrutaremos nuestra compañía, fuera del hospital. Dime cuándo podemos vernos.
—Está bien. Te llamo para ponernos de acuerdo.

—Pero por favor, Bella, no me dejes esperando como la vez anterior.
—Te prometo que no. Te llamaré para vernos la semana próxima. Dime qué día puedes.
—Estaré de guardia domingo, martes y viernes. Podemos vernos lunes, miércoles o jueves. Tú elige el día.
—Veré cuando puedo suspender mis clases y te llamo. Lo prometo.
—Confío en que ahora sí lo harás. No puedo estar sin ti. Me haces mucha falta, preciosa y encantadora mujer.

Así, Bella se deshizo del compromiso de esperarlo para comer. Aunque Era más grande su deseo de verlo fuera del hospital que todos sus valores morales y sociales y salió del consultorio, con la mente hecha una maraña, dispuesta a no llamarlo y no buscarlo, pero eran más fuertes sus sentimientos que sus valores.

Se despidieron con un abrazo. Él quiso besarla, pero ella no aceptó. Sólo besó su mejilla y él tomó sus manos y las besó tiernamente a la vez que le repetía:
—Te amo, te amo, no lo olvides. Te necesito.
—Yo también.

Dos lágrimas rodaron por las mejillas de la joven, de las cuales no se percató el

Historia de un amor imprescindible

joven enamorado, porque ella le dio inmediatamente la espalda y salió apresuradamente del consultorio, sin darle tiempo de decir más, de intentar nuevamente besarla y sin volver la mirada.

Las personas que estaban sentadas en el pasillo la miraron alejarse rápidamente y dirigirse a la escalera, esta vez sin despedirse de nadie como era su costumbre y le dictaba su educación.

Después de aquel día, muy a su pesar, empezó a llamarle por teléfono y a dejarse enamorar por él. Esto fue durante las dos semanas siguientes a la última consulta en que decidió no volver a verlo, hasta que por fin aceptó que fueran a comer un viernes que decidió no asistir a sus clases de primeros auxilios.

Habían pasado ya tres meses de la operación. Bella estaba completamente sana. No habían vuelto a darse un beso en vivo, sólo por teléfono, así que el día que se vieron, ambos se abrazaron con mucho gusto y se fundieron en un beso tan apasionado, dulce e intenso, que guardaba los deseos mutuos de esos labios tan deseados, que se quedaron sin aliento.

Se lo habían guardado durante tanto tiempo, se amaban, se deseaban y ambos lo sentían, así que fueron a comer y mientras caminaban rumbo al restaurante, iban diciendo palabras tan dulces, tiernas, lanzando miradas provocativas, disfrutaron ampliamente de la compañía mutua. Sin pensarlo y sin decir nada, al terminar de saborear la exquisita comida que les sirvieron, se dirigieron al auto de Arturo.

No hubo preguntas y sin comentarlo, él se dirigió a un lugar privado donde pudieran entregarse ese amor guardado durante tantos meses. Ya no podían esperar un día más, se necesitaban, se deseaban, se amaban.

Cuando estuvieron solos en la habitación, Arturo se quedó mirándola. Estaba tan bonita, elegante y sonriente, parada frente a él. Vestía un conjunto de pantalón y saco color verde limón que acentuaba perfectamente su esbelta figura. Sus cabellos rubios caían como cascada sobre sus hombros. Su cara enmarcaba sus grandes y enamorados ojos tenuemente maquillados de color verde como el de su traje y sus carnosos y rojos labios esperando ser devorados por los besos de su amado.

Al entregarse al amor, fue una entrega total de almas y cuerpos. Sus corazones se fundieron en uno solo. Las palabras de amor y los halagos por parte de ambos fluían con

Historia de un amor imprescindible

demasiada facilidad. Todo acompañado por besos y caricias que sólo dos personas que se aman como ellos, se entregan en un momento así.

No tenían la menor idea de lo que deparaba el futuro, ni importaba el pasado, el estado civil de Hermosa o los compromisos que Arturo tenía con su carrera y el hospital, sólo gozaron el presente como nunca lo habían hecho. Bella sólo había tenido intimidad con su marido, él se notaba un poco más experto, pero eso no impidió que gozaran el momento, así que disfrutaron de ese encuentro y entrega mutua.

El reloj no se detuvo, el tiempo pasó más rápido que de costumbre. Se hizo de noche y tuvieron que separarse. Hermosa tenía que volver a su casa, a su rutina hogareña y Arturo a sus deberes médicos. No hubo juramentos ni promesas, sólo se repitieron mil veces cuánto se amaban. Se dieron mil besos y no quedaron en darse una nueva cita, sin compromiso alguno.

Arturo abrió la puerta de su carro y ambos se subieron.

—**Dime por dónde nos vamos. Te llevo a tu casa.**

—**No gracias, Arturo. Tienes que levantarte muy temprano.**

—Eso no importa. Hemos pasado una tarde maravillosa.
—Nuevamente gracias, déjame en la estación del metro más próxima, por favor, no insistas.
—Tienes razón. Ayer estuve de guardia y estoy desvelado. Agradezco tu comprensión.

Sin decir más, prendió su radio. Llevaba tocando un casete de Roberto Carlos, y en ese momento, escucharon "Amada amante".
—Qué bella melodía. Eso eres para mí querida y Hermosa mujer, siempre te relacionaré con esa canción porque serás mi amada amante, no sé si puedas ser algo más por ahora, eso siento y pienso, porque la canción te describe como eres.

Llegaron al metro y se despidieron con otro apasionado beso; se abrazaban tan fuerte que fue difícil que uno de los dos quisiera separarse. La cordura les indicó que había llegado el momento de que Bella saliera del auto y sólo se limitó a decirle:
—Gracias Arturo, por este bello día.
—No mi muñeca. Gracias a ti por haberme hecho sentir el hombre más dichoso de la tierra por tenerte. Eres única y siempre serás mi amada

amante, por siempre y para siempre en mi corazón. Eres la mujer de mis sueños, un sueño hecho realidad. No te vayas, Bella, quédate conmigo para siempre.

La abrazó nuevamente. Ella se resistía a despedirse, hasta que, por fin con lágrimas en los ojos, le dijo:

—**Hasta muy pronto, Arturo.**

Besándolo nuevamente se soltó de sus brazos, abrió el carro y corrió hacia el metro. Arturo se quedó mirándola cómo se alejaba, ella, antes de cruzar hacia la puerta de entrada, giró su cabeza y con su mano le envió nuevamente un beso.

Arturo la miró alejarse y perderse en la multitud que entraba al subterráneo en ese momento y se alejó del lugar, llevando en sus labios el sabor del beso que le diera su amada al despedirse.

Hermosa subió al Metro. Se sentía feliz, pero a la vez tan desdichada. Feliz por el momento vivido. Recordaba cada una de las palabras que salieron de la boca de Arturo, cada una de las caricias recibidas y entregadas, de todo lo que pudiera relacionarla con su amado, pero a la vez desdichada por el remordimiento de haber faltado al juramento matrimonial, de engañar a Erick a pesar de amarlo tanto. Su cabeza era un mar de confusiones que en ese momento no sabía que decisión debía tomar. Por un lado, el amor de su esposo, una familia formada y por el otro, la pasión y lo prohibido. Estaba segura de que si volvía a ver a Arturo no tendrían el valor para separarse.

Bella no volvió a llamarlo. Arturo no la buscó. Ambos vivieron con ese recuerdo por mucho tiempo, con ese amor mudo, silencioso, sin promesas ni compromisos, durante más de seis meses. Se recordaban en silencio, se enviaban mensajes telepáticos, pensamientos positivos, pero físicamente, no volvió a haber ninguna señal ni huella de aquel amor. Lo más lógico era pensar que se habían olvidado de lo ocurrido en aquel acto de pasión, porque parecía que para ninguno de ellos había significado algo importante.

Historia de un amor imprescindible

Capítulo VI

LA FAMILIA

Dios te quita a las personas incorrectas de tu vida y pone las correctas, para que lo torcido se enderece.

Dicho popular

Herlinda Guerrero de la Mora

Casi seis meses después de haberse visto la última vez, Bella estaba totalmente sana. Ya no podía asistir a aquel hospital a consulta porque Erick había dejado su empleo en una institución gubernamental para incorporarse a trabajar en la iniciativa privada. Estaban económicamente mejor que antes. Ya tenían automóvil propio y en vacaciones la pasaban juntos en algún lugar del interior de la república. Se iban de viaje hasta donde les alcanzara el presupuesto.

Hermosa guardó en lo más profundo de su corazón aquel recuerdo de ese romance tan lindo, tan fugaz y prohibido, que se propuso no recordarlo más por el peligro que representaba para su vida familiar. Nunca hablaba de él ni lo llamaba por teléfono ni Arturo volvió a buscarla.

Parecía que nunca se hubieran conocido. Ambos guardando el bello recuerdo que representaba su amor, tan real, verdadero, intenso, tierno y cálido, como todo lo que no es propio y prohibido. Existía en el fondo de su corazón como un bello e inolvidable recuerdo.

No se dijeron adiós, sólo se limitaron a no hablarse más y dar por perdida aquella relación que duró unos cuántos días, tan verdadera y difícil de olvidar, y, que de vez en cuando, ambos evocaban sabiendo que

Historia de un amor imprescindible

sus vidas tenían que tomar distintos caminos, y ninguno de los dos se imaginaba que se encontrarían nuevamente.

Cierta tarde, Hermosa caminaba por el centro de la ciudad acompañada de su cuñada y una sobrina de Erick, por la calle San Juan de Letrán. Las tres vestían un pantalón Topeka azul cielo —porque eran los que estaban de moda—, blusa blanca y zapatos negros. Habían ido de compras.

De repente cruzó frente a ellas. Caminaba distraído, por la avenida. Ella lo vio. En ese momento vinieron a su mente todas las escenas vividas hacía ya tiempo al lado de ese hombre que creyó olvidado, pero que ahora, al verlo frente a ella, hizo renacer ese sentimiento que guardó en el fondo de su corazón y se propuso no revivirlo más.

—¡Arturo, Arturo!

Él volteó y al mirarla se le iluminaron los ojos. **También**, al igual que ella, en unos instantes trajo a su mente el recuerdo de su amada amante. Allí estaba frente a esa mujer que tanto **amaba** y ella ante ese hombre a quien se había entregado sin medir consecuencias.

Ambos se miraron. Sin pensarlo abrieron los brazos y se saludaron con un afectuoso abrazo y un tierno beso en la

mejilla. Bella se sintió apenada y presentó inmediatamente a sus acompañantes:
—**Ella es mi cuñada, hermana de Erick. ¿La recuerdas?**
—**No tenía el gusto, señorita.**
—**Ella es nuestra sobrina.**
—**Arturo Álvarez, su servidor y gran amigo de Hermosa.**

Se saludaron entre sí, con el protocolo propio de personas que se acaban de conocer. Él se presentó con su acostumbrada educación y en la plática, recordaron que se habían visto en alguna ocasión en el hospital, que se conocían de vista, aunque no habían intercambiado palabras, opiniones ni charlas, nada más saludos, por lo que él no la recordaba, ni siquiera tenía en su memoria su imagen, por haber sido personas sin importancia para los tres.

Tras una corta charla en medio de la calle, las invitó a su casa, sin saber por qué aceptaron y las tres se subieron al coche de Arturo, estacionado a unas calles de allí. Bella adelante y las otras dos chicas atrás. Iban platicando sobre la salud, el clima, la música, la familia de ambos, su carrera, y cosas sin importancia.

No era conveniente decirse nada o hacer algún comentario inapropiado por la

Historia de un amor imprescindible

presencia de la familia política. Los ojos hablaban más que las palabras, y al mirarse, recordaron lo vivido. Hubieran querido que el tiempo se detuviera y todas las personas que los rodeaban desaparecieran y revivir aquel día tan bello que ambos recordaban frecuentemente y que ninguno de los dos eran capaces de hacer público. Arturo por caballerosidad o para no perjudicarla; Bella, porque sabía que podría traerle fatales consecuencias si alguien llegaba a enterarse de su secreto de amor.

Arturo conducía su carro muy despacio, desde el centro hasta el sur de la ciudad donde vivía. Deseaba que el tiempo se detuviera, que esos momentos junto a ella fueran eternos y cómo le hubiera gustado revivir aquel día. En unos minutos llegaron a su casa, bajándose primero, abrió la puerta para que descendieran, primero Bella y posteriormente las otras dos jóvenes.

Abrió la puerta de su casa y anunció su llegada. Las tres fueron presentadas a su mamá e inmediatamente les ofreció un refresco. Preguntó a Bella por su salud y por qué de repente había dejado de llamar a su hijo, desde hacía casi seis meses.

Bella se puso muy nerviosa y tuvo que contestar con evasivas, porque podía contestar algo que pudiera comprometerla. Afortunadamente la señora comprendió lo indirecto y vago de las respuestas y la plática tomó otros temas simples y sin importancia. Cuando Arturo regresó de haberse ido a cambiar el uniforme, su mamá le sugirió que tocara algo para las invitadas, a lo que él aceptó, un poco apenado.

Disculpándose, se dirigió a su habitación para traer su acordeón, sin demorar estaba de regreso en la sala y tocó la "Obertura de Guillermo Tell", obra que ninguna de las tres conocía por su nombre original, sólo dijeron que era el tema del "Llanero Solitario".

Él sonrió y no insistió en continuar con la música, pues eran casi las siete de la noche y se ofreció a llevarlas a su casa. Ellas agradecieron su amabilidad, porque no había sido una visita planeada sino una coincidencia el que nuevamente se hubieran encontrado en el centro de la ciudad, agradeciendo también a la señora por el refresco que les ofreció y sólo pidieron que por favor las dejara en el Metro.

No pudieron decir nada más ni mencionar su fugaz y tórrido romance. Ambos sabían que aún se amaban y deseaban revivir, aunque fuera una vez más, su linda tarde juntos. Así, sin

Historia de un amor imprescindible

mencionar nada, volvieron a separarse, se enviaron miradas de amor, expresando sus sentimientos dormidos, pero aún latentes.
—**Fue un placer volver a verte, Hermosa.**
—**También me dio gusto saludarte, Arturo.**
—**Qué gusto haberlas conocido, señoritas.**
—**El gusto ha sido nuestro, doctor.**
—**Y más saber que es buen amigo de Bella.**
—**Ojalá volvamos a vernos pronto.**
—**Así lo espero. Hasta luego.**

Fue un encuentro fugaz, inesperado y mágico. Ambos sintieron que ese amor prohibido no debía revivirse. Se lo dijeron con la mirada y entendieron que era lo mejor para estar tranquilos. No podían ser el uno para el otro.

La vida siguió su curso normal. Ninguna de las tres volvió a mencionar aquel encuentro y se olvidaron poco a poco esa visita tan inesperada a la casa del médico, lo consideraron como una casualidad, un evento al que no dieron mayor importancia sin mencionarlo con los demás miembros de la familia.

No fue así para Hermosa. El haberlo visto, **abrazarlo**, **besar** su mejilla, verse en sus ojos, sentir su aliento, estrechar sus manos y escuchar aquella bella melodía que quedó grabada en su memoria, pues cada vez que la escuchara, la relacionaría con él, el hombre que amaba y tuvo que dejarlo por las razones antes mencionadas.

A pesar de que ella pasaba mucho tiempo sin su esposo por motivos de trabajo, no volvió a buscar a Arturo. Lo recordaba ocasionalmente y sus pensamientos tomaban otros rumbos. Tenía que evitar pensar en él, consciente de que no eran el uno para el otro. Su recuerdo le pesaba en la memoria como un plomo porque a pesar del grato y bello recuerdo, lo consideraba prohibido como real.

Así, con la memoria llena de recuerdos, fue transcurriendo el tiempo. Hermosa, se sentía muy bien de salud y empezó a trabajar. Había estudiado la carrera de secretaria ejecutiva cuando era joven y trabajó en algunas oficinas. Era alegre y cantadora, jovial, más de un hombre intentó cortejarla. No comprendía si era por su juventud y belleza o por verla sola; jamás aceptó salir con alguien. Era feliz con su vida, amaba a su esposo y por ningún motivo quería repetir la experiencia vivida con Arturo. Fue para ella el primer y único amor prohibido. Solía recordar los momentos bellos a su lado, no se atrevía a borrar ese recuerdo. Nunca lo compartió con nadie. Tuvo muchísimas amigas, compañeras de escuela, de trabajo, maestras, en fin, tantas personas que formaron parte de su vida, con nadie compartió su secreto ni volvió a mencionar a Arturo jamás.

    Más de un año después, era el mes de diciembre cuando Erick regresó de un largo viaje de trabajo y se fueron de vacaciones. Estaban tan contentos, eran felices juntos. Bella casi había borrado de su memoria el hospital, lo ocurrido dentro del mismo y los recuerdos de aquel fugaz romance, cuando de repente, recibió la noticia que esperaba un bebé.

    Se llenó de alegría. Preparó la canastilla, tejió y bordó la ropita para el nuevo miembro de la familia. Era tiempo de pensar en nombres y leer tanta información como pudiera para prepararse y ser una buena madre, hasta se olvidó de su médico.

—**Felicidades, señora. Está comprobado su embarazo.**
—¡Qué alegría, doctor!
—**Tenemos un embarazo de alto riesgo.**
—¿Qué es eso, doctor?
—**Que el bebé deshecha todo lo que no le sirve a través de los riñones de su**

madre, y como usted tiene sólo uno, debe guardar reposo.
—¿Reposo absoluto o de qué tipo?
—No absoluto. Sólo relativo, porque en este caso su riñón trabaja por tres.
—Ah! No estaba enterada de eso.
—**Los cuidados son intensivos. Incluye cambio de alimentación, medicamentos adecuados prescritos, análisis frecuentes y sus consultas médicas deberán ser cada quince días.**
—**Sí, doctor. Soy una paciente que sabe obedecer y seguiré sus instrucciones al pie de la letra.**
—**Así lo espero señora. Empezaremos con los estudios de rigor.**

Así Hermosa empezó la espera de su primer hijo entre reposo, medicamentos, visitas frecuentes a la clínica, tejido de prendas y preparación de la canastilla para el bebé.

Casi dos años después de que se encontrara con el doctor en el centro de la ciudad y fueran a su casa, Bella tuvo a su primera hija, por coincidencia, encontró el número telefónico de Arturo en una libreta y decidió llamarlo para comunicarle tan feliz acontecimiento.

—**Hola Arturo. Casi dos años de no saber nada de ti.**

Historia de un amor imprescindible

—¡Bella!, te acordaste de que tienes un gran admirador y amigo sincero.
—Gracias por el cumplido.
—¿A qué se debe tan agradable sorpresa?
—Te llamé para comunicarte la feliz noticia que tengo una preciosa hija.
—¡Eres madre! Te has realizado plenamente como mujer. Sí que es una agradable sorpresa.
—La bautizaremos la semana próxima. Esperamos que nos honres con tu presencia.
—Por supuesto, asistiré. Sólo dame la dirección y llegaré acompañado de mi madre.
- Tu casa se encuentra en...
- Sí. Sé por dónde es.
—Es un gran día para nuestra familia, muy especial y me dará mucho gusto volver a verte.
—Ahí estaremos. Hasta el próximo sábado. Pero dime. ¿Cuándo nació?
—El sábado cumplirá cuatro meses. Ya la conocerás.

    Bella le comentó que sería algo muy sencillo, de verdad deseaba que les hiciera el honor de acompañarlos para que viera lo bonita que estaba su hija, a lo que él accedió sin pensarlo dos veces.

Herlinda Guerrero de la Mora

Era la oportunidad de volver a verla, aunque no pudiera decirle ninguna palabra de amor, ni besarla, ni tenerla en sus brazos, se conformaba con volver a verla porque ahora que ella tenía una hija, la sentía más lejana que cuando la conoció y ella estaba más prohibida que antes.

Al colgar el teléfono, Arturo temblaba de emoción. Volvería a ver a la mujer que amaba. Había empezado a olvidarla, porque así consideró conveniente, y ahora, que ella tenía una hija, comprendió que la había perdido para siempre.

Por su parte, Bella había puesto el recuerdo de aquel bello y efímero romance muy en el fondo de su corazón. Le puso tantas cosas encima, sobre todo su felicidad, y la alegría de ser madre por primera vez, que era casi imposible que ese recuerdo volviera a salir.

Y así entre los preparativos para la sencilla fiesta del bautizo de su hija, compras, guisos y llamadas telefónicas y sobre todo el cuidado de su pequeña, Bella olvidó que lo había llamado y se entregó a las tareas que ocupaban todo su tiempo hasta que llegó el sábado.

Por fin, el día del bautizo llegó. Estaba reunida toda la familia de la festejada, abuelas y su abuelo materno, tíos, primos y

Historia de un amor imprescindible

muy pocas amistades de los papás. Ese día la nena recibió muchos regalos, y estaba tan bonita toda vestida de blanco, que casi se perdía en el vestido. Parecía una muñequita de porcelana. Cuando llegaron de la capilla donde fue la ceremonia, hubo gran alegría en la casa, porque todos querían abrazar a la bebé, por verla tan linda, tierna y sus papás muy contentos por el recibimiento a su pequeña.

A la ceremonia sólo asistieron los familiares más cercanos, tanto de Hermosa como de Erick. Fue muy sencilla, rápida y pronto estuvieron de regreso en casa para recibir a los exclusivos invitados al evento, eran familiares y amigos muy cercanos de ambos.

Todos los asistentes felicitaban a los padres de la bebé por el Sagrado Sacramento que había recibido, pasaba de unos brazos a otros, todos querían besarla, abrazarla y tenerla cerca. La nena sonreía con todos y se dejaba querer.

Arturo llegó acompañado de su mamá, quien al ver a Bella la abrazó, un tierno beso en la mejilla y le agradeció la atención que tuvo al haberlos invitado a tan familiar evento. Por su parte, Arturo la miró y le saludó y su mirada también contenía un adiós que Bella pudo percibir.

—Te felicito. Eres una madre muy joven. Me da mucho gusto.
—Gracias por haber venido.
—No podía desaprovechar la oportunidad de volver a verte.
—También me da gusto que hayas venido.
—¿Puedo darte un abrazo?
—¡Claro que sí! Recuerda que somos amigos.

Arturo la estrechó entre sus brazos. Aspiró su suave perfume, su aroma de mujer y de repente se percató que muchas miradas estaban posadas sobre ellos y ambos se dieron un tierno y sincero beso en la mejilla.

Bella correspondió a ese abrazo, a ese beso y ambos sentían que no debían mostrar sentimientos ocultos y por ningún motivo intentar una caricia o gesto inapropiado para levantar alguna sospecha.

Doña Isadora pidió conocer a la pequeña e inmediatamente Bella la localizó en brazos de una de sus tías que habían asistido al festejo.

—Señora Isadora, le presento a mi pequeña hija.
—¡Qué bella es! Parece una muñeca de porcelana. Te felicito doblemente. Primero por ser una linda madre, además por tener una hija tan **preciosa**

Historia de un amor imprescindible

—**Gracias por sus palabras, señora.**
—**¿Puedo tenerla unos minutos?**
—**Por supuesto que sí.**

Doña Isadora tomó a la nena entre sus brazos y depositó un sincero y tierno beso en su frente, a la vez que le decía **"debiste ser mi nieta"**. La besó nuevamente y al apretarla contra su pecho no pudo disimular la alegría que le producía tenerla en sus brazos.

A pesar de haberlo dicho tan quedamente, casi en un susurro, Hermosa la escuchó y se limitó a sonreír y levantar los hombros, como diciendo **"así debió ser"** y se alejó para que doña Isadora no notara su nerviosismo y nostalgia.

La señora le dio la nena a Arturo, para que la abrazara y la miró tiernamente, como queriendo decirle los bellos sentimientos que su corazón tenía guardados para su madre. Le besó la frente, la estrechó contra su pecho a la vez que buscaba la mirada de Bella y se la entregó mientras besaba la blanca mano de la nena.

Bella se acercó a recibir a su hija. No se mencionó para nada lo ocurrido en el pasado, ni los besos, ni aquel encuentro que tuvieron después, sólo se concretaron a hablar sobre la salud, la nena, la familia que ahora tenía; nada de sentimientos ocultos, ni miradas que hablaran sin palabras.

Por el bien de todos, principalmente de la familia de Hermosa que ahora tenía una hija, guardaron sus sentimientos y pensamientos muy en el fondo de su corazón y no se volvió a mencionar nada del pasado que no fuera relacionado con la operación y la estancia en el hospital donde se conocieron.

Erick no hizo ningún reproche, ahora tenía una linda familia y a pesar de la presencia de Arturo, no sintió ningún peligro amenazando su bienestar y su felicidad.

Así la fiesta del bautizo continuó entre brindis, baile y alegría. Quienes abrazaban a la nena la admiraban por su vestido tan bonito, su sonrisa contagiosa y sobre todo por ser muy agraciada, parecida a su madre, tanto en el color de la piel como en el pelo. Era rubia y de piel sonrosada, ojos muy grandes y manos inquietas. Todos coincidían que era tan parecida a su mamá que parecía su clon. Por supuesto esto halagaba a Hermosa, que la veía como una verdadera muñeca de porcelana, frágil, bonita y tierna, vestida de blanco, como una princesa, digna de su padre Dios, que le había dado demasiadas cualidades.

Historia de un amor imprescindible

La cena se sirvió y Bella atendió a todo el mundo por igual, no sin dejar de mirar en ciertas ocasiones a Arturo y sonreírle, pero sin mencionar algún pasaje de lo vivido. Arturo correspondía a esas sonrisas, como queriendo gritarle que no la había olvidado, pero debido a las circunstancias, hizo enmudecer sus sentimientos y se limitó a mirarla y admirarla, lamentando no haber sabido retenerla cuando aún era tiempo. Le faltó el valor para buscarla y, por qué no, hasta de robársela y llevarla lejos, donde ambos pudieran haber vivido una vida diferente a la que ahora tenían.

Doña Laurita y doña Isadora platicaban muy alegremente, cuando la mamá de Arturo comentó la mala suerte de su hijo al no haber conocido a Hermosa cuando aún era soltera y cómo al encontrarla, sintió que era la mujer de su vida. Doña Laurita no comentó nada al respecto, se limitó a decir: **"nunca hay mal que por bien no venga"** y si se habían dado las cosas así, fue por algo. Después de este inapropiado comentario no se habló más del asunto y ambas siguieron con su plática coloquial.

Ese día, entre los invitados, estaba una amiga de Bella llamada Paulina. Vestía un traje verde botella, muy ajustado, zapatillas negras y los aretes haciendo juego con su traje. Era viuda, muy atractiva y al ver a Arturo empezó a coquetearle, y él, como todo un caballero, correspondió a sus provocativos comentarios y sonrisas insinuantes, quizá en parte para ocultar sus sentimientos, o porque de verdad Paulina, con su franca sonrisa y sus carcajadas, conquistaba a cuanta persona cruzaba por su camino, como se suponía que sucedería con Arturo.

Era casi la media noche cuando Arturo decidió que era tiempo de retirarse. Sentía pesar al abandonar esa casa donde se respiraba la alegría, pensando que de haberse decidido esa pudo haber sido su familia, pero, no había marcha atrás, la había perdido para siempre.

—**Ha sido un placer volver a verte y saber que eres feliz.**
—**Sí. Soy feliz y además tengo una preciosa hija.**
—**En verdad es muy linda y bella, como su mami.**
—**De todo corazón deseo que encuentres la felicidad como yo la encontré.**
—**Va a ser muy difícil, pero lo intentaré.**

Historia de un amor imprescindible

—En esta vida nada es imposible y mucho menos encontrar el amor, como en tu caso que eres muy atractivo.
—Gracias por tus palabras. Tengo que darme a la tarea de buscar una bella mujer porque...
—No digas más. La encontrarás, te lo aseguro.

Se despidieron con un sincero abrazo. Esta vez no hubo besos en la mejilla, ni en la mano. Sólo intercambiaron miradas diciendo un total y definitivo adiós.

Doña Isadora abrazó a Hermosa y agradeció la atención recibida. Besó su mejilla y la miró a la vez que le decía:
—Adiós, Bella. Sé feliz.
—Gracias señora. Ya lo soy.
—Dios te bendiga en compañía de tu familia.
—Gracias por venir. Esta es su casa. Espero volver a verla.
—Quizá volvamos a vernos otra vez. Adiós y muchas gracias por invitarnos.

Arturo abrió la puerta de su auto y subió a su mamá, a la vez que se despedía de Bella, quien los vio alejarse sin imaginar si esa sería la última vez que veía a su amor prohibido.

Herlinda Guerrero de la Mora

Capítulo VII

PAULINA, GRAN AMIGA

> Elige una mujer de la cual puedas decir:
> Yo hubiera podido encontrarla más bella, pero no mejor.
>
> Pitágoras.

Historia de un amor imprescindible

Paulina era una mujer muy joven, alegre y sonriente. Estuvo casada con Juan, un hombre muy bueno y bondadoso, sólo un año mayor que ella. Se conocieron en una fiesta familiar, donde Juan fue invitado por Alejandro, hermano mayor de Paulina.

Todos los invitados bailaban, cantaban y bebían cuando Juan, al llegar, la miró y se sintió fuertemente atraído por ella. Fue amor a primera vista, porque también a ella le atrajo demasiado y esa noche inició su noviazgo que fue muy corto.

Unieron sus vidas en una ceremonia religiosa, donde Paulina vistió el soñado vestido de novia y fue la clásica boda, con muchos padrinos, vino, baile donde se juraron amor eterno como todos los enamorados que unen sus vidas para siempre y esperan lo mejor de la vida para formar una linda familia, tener hijos y vivir felices.

Después de siete meses de casados, al ver que Paulina no quedaba embarazada, empezaron a visitar médicos y desafortunadamente se descubrió que Juan padecía una enfermedad renal que le impedía concebir. Ambos se resignaron a no ser padres y continuaron viviendo su romance y luna de miel que sólo duro dos años; a pesar de los esfuerzos médicos, finalmente Juan murió dejando a su esposa muy joven y viuda.

Esto llevó a Paulina a una gran depresión. Su tristeza iba en aumento cada día, sintiéndose destruida por la falta de su esposo, fue precisamente en estos días de duelo cuando se acrecentó la amistad con Hermosa, siendo esta última una especie de paño de lágrimas para Paulina, que le contaba acerca de la tristeza en que vivía a su amiga, quien la escuchaba y trataba de animarla.

—No tienes idea de la soledad en que vivo.
—No Pau. En verdad no puedo imaginarla.
—Juan se fue y me ha dejado hundida en la más profunda tristeza.
—Pero la vida sigue. Eres joven y atractiva. llegará una persona que te hará olvidar a Juan.
—No va a ser fácil olvidar a mi esposo.
—Nunca he dicho que va a ser fácil.
—Tengo grandes recuerdos de vida con él, sobre todo, que fue el primer hombre en mi vida.
—Mmm,.. sé que no va a ser tarea fácil.
—Fue en realidad mi primer novio, mi primer amor. Ha dejado un vacío que será muy difícil de llenar.

Historia de un amor imprescindible

Hermosa escuchaba sus lamentos y le daba ánimos cada vez que se veían. Ambas eran personas positivas y alegres, poco a poco fue logrando que Paulina volviera a sonreír, no porque olvidara a su esposo, sino que a partir de las pláticas y palabras positivas que recibía de su amiga se fue dando cuenta que estaba viva, que tenía que sentir nuevamente ese ímpetu para seguir adelante, esas ganas de volver a amar a alguien.

Finalmente comprendió que la vida no se había terminado con la muerte de Juan y a pesar del sufrimiento, la vida es buena y cada nuevo día le daba oportunidades. Bella le hizo ver que debía escuchar y valorar tanto a su familia como a sus amistades, así que poco a poco fue dejando atrás el recuerdo del amado esposo, ante la terrible verdad que se había ido para siempre.

Cuando Bella vivió el embarazo de su primera hija se lo comunicó a Paulina. Hermosa estaba tan feliz que después de un año de operada al fin pudiera ser madre, no le preocupó que su embarazo fuera de alto riesgo por el poco tiempo que había transcurrido desde entonces, como tenía que guardar reposo, se iba con su amiga y se sentaban a platicar durante largas horas.

Herlinda Guerrero de la Mora

Mientras Paulina atendía su negocio, Bella tejía la ropita para su bebé. Ambas hacían planes y disfrutaban la próxima llegada del nuevo miembro de la familia. Leían los libros relacionados con el cuidado del bebé y fueron incrementando esa gran amistad que se vislumbraba indestructible.

Paulina agradecía que su amiga le hubiera dado tantos ánimos cuando se encontraba de luto, sentía que ahora era su turno para ayudar a Hermosa a desvanecer los temores que tenía respecto al nacimiento de su bebé, por tener sólo un riñón, sabía que ambos, el bebé y ella corrían peligro inclusive de muerte, pero ambas oraban, así que Bella se puso en manos de Dios y le entregó a su bebé desde el momento de su concepción.

Tal fue su fe y su deseo de ser madre, que finalmente llegó a término su embarazo, en parte, por las pláticas de Paulina y su compañía que le fue más llevadera la espera durante los meses de reposo y cuidados, así como de las visitas al hospital para las revisiones rutinarias y el cuidado del embarazo.

Las dudas que Hermosa tenía respecto a las atenciones que debería proporcionar a su bebé eran comentadas

Historia de un amor imprescindible

con su amiga; ella no había tenido hijos cuando vivió su esposo, así que ambas especulaban y sacaban toda la información de los libros y las pláticas con amigas que ya tenían hijos.

Así transcurrió el embarazo de Hermosa, donde Paulina tuvo gran influencia al darle ánimos acerca de su salud, diciendo que muy pronto todo ese sufrimiento y reposo sería parte de la historia y que ambas recordarían las largas tardes de charla y conclusiones.

El día que Hermosa llegó a casa con su pequeña hija, Paulina fue de las primeras personas en ir a visitarla. Entró y dio un abrazo a su amiga, entablando un diálogo sencillo ya que hacía varios días que no se veían.

Al ver a la niña tan agraciada, la abrazó y se le rodaron las lágrimas al pensar que ella no había podido ser madre, que no le quedó un hijo de Juan, y ahora que tenía entre sus brazos una nueva vida.

—¡Qué niña más linda!
—Gracias Pau.
—**Te felicito, amiga. Ya eres madre. Te dije que todo saldría bien, ahora aquí están las dos. Sanas y salvas.**

—Tenías mucha razón, Pau. Fue una larga espera, pero la recompensa ha sido muy gratificante.
—Me hubiera gustado tener un hijo de Juan.
—Recuerda, Dios no se equivoca.
—Comparte a tu hija conmigo.
—¿Qué la comparta? ¿Cómo? ¿A qué te refieres?
—A que me permitas decirle "hija", y que ella me diga "tía".
—¡Claro que sí, querida amiga!
—Permíteme criarla y cuidarla contigo. Tenemos muchas cosas en común y ahora esta nena ha venido a unirnos más.
—Le enseñaremos muchas cosas, sobre todo nuestra alegría.
—Si. Esta nena me dará fuerzas para volver a amar.
—Y serás madre, tendrás tus hijos.
—Si los tendré cuando llegue el galán, el hombre adecuado.

Ambas se dieron un abrazo y sellaron ese pacto de amistad y admiración de una por la otra.

Todos los días Paulina iba a visitar a su amiga y abrazaba a la nena, le hacía cariños y la cargaba por corto tiempo, porque tenía que abrir su negocio. Entre ambas se iba

Historia de un amor imprescindible

tejiendo un lazo tan fuerte e indestructible, que perduró a través de los años, siguieron visitándose y frecuentándose durante muchísimo tiempo después del nacimiento de la nena.

En la familia de ambas, la nombraban "la tía Pau", tanto en la casa de Paulina, sus hermanos y sus papás como en la casa de Hermosa al ver la amistad que existía entre ambas. Ahora Paulina amaba a la nena como a una verdadera sobrina, todos la cuidaban y la mimaban considerándola de la familia.

Durante todo este tiempo desde que se inició su amistad, nunca se habló sobre el fugaz romance entre Hermosa y Arturo. Se platicaban infinidad de intimidades, pero Hermosa decidió guardar ese recuerdo en lo más profundo de su corazón y no habló para nada de esos días que vivió en el hospital.

Cuando entre pláticas se tocaba el tema de su estancia donde fue operada, sólo se hacían comentarios referentes al cuidado de las enfermeras, a la comida y casi no se nombraba al doctor, porque Hermosa sentía que si lo hacía, si traía a su memoria esos recuerdos vividos hacía algunos años, podía descubrir sus dormidos sentimientos y contarle a su amiga sobre lo que había vivido y sentido por ese hombre que no veía desde hacía tanto tiempo y que había olvidado para siempre.

  La nena seguía creciendo bajo los cuidados de su tía Pau y su mamá. Cuando tenía tres meses se empezó a organizar su bautizo, donde fueron escogidos para padrinos un tío de la nena, hermano de Hermosa, y la novia de éste, quienes estaban próximos a casarse. La madrina, como la mayoría de las mujeres cuando quieren quedar bien, compró un lindo ropón. El día de su bautizo la nena parecía una muñequita, blanca, pelona y sonriente, semejante a un ángel.

  Pau pidió a su amiga Bella un favor:
—¡Preséntame un galán, alguien que me haga olvidar a Juan!
—Mmm, amiga, galán, ¿de dónde?
—Algún pariente, un amigo, alguien a quien invitar.
—Veré la lista de posibles galanes. Jajaja.
—Sólo que venga. De lo demás, yo me encargo.
—Ah! ya sé. Conocerás al mejor de los hombres, guapo, atractivo, profesionista y además soltero.
—¡No me digas eso! ¿ya ves como sí lo tienes?
—Bueno, esperemos que venga.

Historia de un amor imprescindible

—De la conquista, me encargo yo. De eso debes estar segura.

Hermosa pensó que Arturo asistiría a esa pequeña celebración y le presentaría a Paulina. No estaba segura de su reacción, porque él no era del tipo de hombre que cambia de novia con frecuencia, pero qué mejor que intentar que quedara con una amiga suya, cerca para volver a verse cuando la visitara y poder continuar con su amistad.

Con este pensamiento pasó el tiempo y por fin llegó el día del festejo religioso. Los padres de la pequeña recibían felicitaciones por su hija, así entre abrazos y saludos, llegó Arturo acompañado de su mamá. Hermosa le presentó a su amiga Paulina, no pararon de platicar durante todo el tiempo que duró la reunión.

—Dime, Pau ¿Sabes cómo nos conocimos Bella y yo?
—Claro que sí. Eres el doctor que la operó y son buenos amigos.
—Pero ¿te comentó algo especial sobre su estancia en el hospital?
—Algo así como una torta clandestina, películas en televisión, chocolatitos, creo que es todo.
—¿No te comentó nada especial, de por qué somos amigos?

—Supongo que porque le ponías atención y ella la necesitaba.
—Pero ¿no te comentó nada más?
—Sí. Que padecía dolor de cabeza, muchos estudios que algunos eran dolorosos, tenía que esperar por algunos y cosas así.
—¿Sólo pláticas respecto a su estancia?, ¿no te platicó nada más?
—¡Eh ! Se me hace que hay algo que no me ha dicho.
—¿Por qué tanta pregunta tan detallada?
—No por nada. Sólo si te platicó algo más.
—**Considero que soy su mejor amiga y no me comentó nada más. Le preguntaré si tiene algún secretillo escondido que me lo cuente.**

Con base en las respuestas de Paulina, Arturo comprobó que Hermosa había sido demasiado discreta respecto a su oculto y prohibido romance y que ni a una de sus mejores amigas le había platicado, así que no se comentó nada al respecto. La plática continuó en torno a otros temas como el trabajo y los planes para el futuro tanto de Paulina como de Arturo. Él no mencionó tener algunos al lado de esa familia, que no

Historia de un amor imprescindible

fueran los lazos de amistad que hasta ahora los unían.

Cuando Hermosa llevó su cámara para tomarles fotos a Paulina y Arturo, la vieron llegar y sonrieron al momento en que se ponían en pose.
—No des la espalda a la cámara, Pau.
—No es espalda, es un bello torso.
—Bueno, entonces, cuida de dar un bello torso.
—Si amiga. Que salgamos muy bien los tres.

Por supuesto, Paulina se sintió muy halagada y continuó intentando conquistarlo, porque desconocía que el corazón del doctor le pertenecía totalmente a su amiga y que si había asistido a la reunión había sido para verla nuevamente, llenarse de la presencia de su amada, seguir viviendo de su recuerdo, de aquél amor que había existido entre ambos, ahora lejano y sin esperanzas. Se limitó a verla feliz con su familia y lamentar su cobardía por no haber sabido luchar por ella cuando aún podía hacerlo.

Paulina no tenía ni la más remota idea de que había existido un romance entre su amiga y el doctor que ahora le atraía, porque Hermosa nunca le comentó a nadie sobre ese amor prohibido y, por supuesto, nadie conocía ese secreto, nada más los dos que lo vivieron en carne propia, ninguno hizo algún comentario nunca, porque consideraron que era el secreto que los uniría por siempre, un secreto bello y especial que no se comentaba con nadie.

Bella guardó ese romance en su corazón durante treinta y siete años y Arturo lo puso en el fondo del suyo, durante todo ese tiempo, a pesar de que se veían tan contentos ese día, ninguno de los dos volvió a mencionar nada sobre su fugaz enamoramiento, bello y auténtico que ambos creyeron que lo habían soñado.

Paulina y Arturo continuaron con su amena charla donde ella esperaba conquistarlo, diciendo que estaba sola, que no tenía novio ni pretendientes, a lo que Arturo sólo la escuchaba y se dejaba llevar por la plática y el coqueteo de la joven Paulina, sin corresponder a sus indirectas, se portaba educado y atento a la plática, esperando el momento de poder hablar nuevamente con Hermosa.

Terminó la reunión y se despidieron. Primero de Paulina, después de Bella y Erick sin ningún comentario, se dijeron que cuando hubiera otra celebración importante ella le llamaría y volverían a verse.

Historia de un amor imprescindible

La vida continuó. Las amigas se ocupaban de la nena y no se mencionó a Arturo para nada. Bella no comentaba sobre su amistad con él para no despertar algún interés por parte de Paulina, quien sólo le decía que no la había llamado. Se mostró muy interesada en él, pero ese interés no fue recíproco.

Nació la segunda hija de Hermosa y Erick, cuando se preparaba la fiesta para el festejo de su primer año de vida. Bella llamó nuevamente a Arturo para comunicarle que lo celebrarían con una fiesta, a la que él asistió con su mamá, como la vez anterior.

Fue una fiesta de disfraces llena de niños y familia de ambos, vecinos y algunas amistades de Erick, en la nueva casa que ambos tenían y donde vivían felices con sus dos nenas. Cuando Arturo llegó, al verlo, Erick se sorprendió que asistiera acompañado de su mamá, y le comentó:

—**Hola doctor. Gracias por venir nuevamente a compartir con nosotros la felicidad de tener dos hijas.**
—**Gracias a ustedes por incluirme entre sus amistades.**
—**Y ¿por qué no ha traído alguna amiga, o novia tal vez?**
—**El matrimonio no se hizo para mí.**
—**No diga eso.**

—Sólo vivo para mis pacientes, mi carrera y creo que no me ha llegado el tiempo de enamorarme.
—Sí, está muy ocupado, pero no se olvide de usted mismo, de vivir. Tiene que enamorarse.
—Ya me enamoré una vez, pero no fui bien correspondido.
—Inténtelo nuevamente. Debe haber alguien que lo haga feliz.
—Gracias por el consejo. Me daré a la tarea de buscar una novia.

Ambos rieron y estaban en una conversación sin importancia, cuando llegó Paulina, quien, al verlo, se lanzó a los brazos de Arturo, y en seguida le reclamó:
—Arturo, me da gusto verte, pero, qué falta de atención para conmigo.
—Disculpa. Perdí tu número de teléfono y he estado demasiado ocupado.
—Quedaste que saldríamos a tomar un café.
—Sí Paulina, ese fue el compromiso, pero siempre tengo pacientes, sigo estudiando y no me queda tiempo para salir con chicas.
—Entonces prefieres a tus pacientes que a ti mismo.

Historia de un amor imprescindible

—**Nuevamente te ruego me disculpes, te llamaré después y saldremos a esa cita que tenemos pendiente.**
—**No te creo. Lo dices en un tono tan desganado y falto de entusiasmo, que percibo que sólo lo haces para librarte de mí, sin ningún compromiso.**
—**No digas eso, Pau. Eres una chica demasiado atractiva y me sentiré orgulloso de salir contigo. Te prometo que te llamaré en cuanto tenga una tarde libre.**
—**Bueno, esperaré tu llamada como la vez pasada.**

Por lo entretenido de la fiesta, Hermosa no tuvo tiempo de atender a Arturo personalmente, así que Paulina y Erick se encargaron de eso. Erick le ofreció una copa y algunas botanas, y Pau de platicar con él y tratar de conquistarlo, tarea en la cual no tuvo éxito.

Y así, terminada la reunión, Hermosa y Arturo se despidieron sin hablar nada de su pasado y breve romance, ni una nueva cita, algún comentario o insinuación a lo que él corroboró que ahora sí la había perdido para siempre.

Nuevamente lamentó no haber tenido el valor de retenerla cuando estaba sola, cuando sólo se interponía su esposo entre ambos. Ahora que tenía dos hijas, mucho menos porque no era capaz de pensar en destruir un hogar y una linda y estable familia.

No volvieron a verse desde ese día. Bella se sintió celosa de Paulina, porque pensó que quizá se había ganado el corazón de Arturo, así sin ninguna explicación y sin volver a verse, el tiempo fue pasando lentamente para cada uno. Bella con su bonita familia ya no supo nada, y él continuó al lado de su madre, viviendo unos años más en soledad dedicado sólo a su carrera, aún con el dolor de haber perdido para siempre a la mujer amada.

Paulina seguía recordando a Arturo y hacía comentarios con su amiga.

—**Me hubiera gustado salir con tu amigo el médico.**

—**¿No te llamó como había quedado?**

—**Creo que no le gusté como esperaba.**

—**¿Y por qué no lo llamas tú?**

—**¿Yo rogarle a un hombre? ¿Lo harías tú?**

—**No es mi caso. Si te gusta tanto, búscalo.**

—**Cuéntame cómo era en el hospital respecto a las mujeres.**

Historia de un amor imprescindible

—Siempre lo seguían todas. Una vez se supo que tenía un romance con una doctora.
—¿La conociste?
—No. Sólo me lo contaron las enfermeras.
—¿Y no le preguntaste sobre esa novia?
—Sólo lo mencionó en una plática sin importancia, pero nunca los vi juntos.
—¿Y no sabes si todavía es su novia?
—Eso fue hace muchos años. No creo, porque la hubiera traído a las fiestas de las nenas y ya vez, vino con su mamá. Es conocido por su discreción que siempre guarda sobre su vida personal.

Al hacer este comentario, Bella sintió que se le clavaba una espina en el corazón, al tener que mentir para continuar guardando el secreto de su fugaz romance. Por otro lado, Paulina conservaba la esperanza de volver a verlo y conquistarlo a como diera lugar.

—Pensándolo bien, tienes razón. Voy a buscarlo.
—Quizá sea lo mejor. Te deseo suerte.
—¿Cómo lo busco? Dame su número de teléfono.
—Déjame ver. Aquí está.
—Gracias amiga. Le llamaré mañana.

Herlinda Guerrero de la Mora

Lo llamó en repetidas ocasiones y cuando logró comunicarse, fueron conversaciones fugaces y no se dieron ninguna cita, a lo que Bella comentó que era demasiado serio y que quizá ya tenía otra novia.

Después de varios intentos fallidos por verlo nuevamente, Paulina se dio por vencida y dijo que no valía la pena luchar por un hombre que no la había tomado en cuenta y que no la citó ni una vez, así que decidió olvidarlo y esto fue para Bella un alivio y a la vez una pena, porque conservaba la esperanza de volver a verlo como amigo o novio de su amiga Paulina.

Historia de un amor imprescindible

Capítulo VIII

LA VIDA... SIN EL AMOR DEL PASADO...

Todo vuelve a colapsar,
todo vuelve a ser normal.
Sólo hay que entender que,
¡Nada es para siempre!

Herlinda Guerrero de la Mora

Así fue pasando el tiempo. Días, meses, años y Bella no volvió a llamarlo ni a buscarlo.

Arturo tampoco hizo esfuerzo alguno por buscarla y se concretaron a sólo guardar en lo más profundo de su memoria y de su corazón aquel fugaz, real, sincero y bello romance.

Las nenas, hijas de Hermosa, tenían aproximadamente tres y cuatro años cuando doña Laurita enfermó de forma severa, al grado de no poder caminar y tuvo que irse a la casa de su hija para recibir atención médica y los cuidados pertinentes para su recuperación. Hermosa tenía como vecino un médico muy acertado y competente, quien fue el que atendió a la señora y poco a poco se fue mejorando notablemente.

Debido a la enfermedad de su madre, Hermosa dejó todos sus compromisos laborales y sociales para cuidar a su mamá y entre llevar a sus hijas al jardín de niños, las labores domésticas propias de una señora, atendiendo a sus hijas y a su mamá, terminando el día exhausta por tanto trabajo.

Esta apretada rutina duró aproximadamente un año, hasta que la señora Laurita pudo recuperar su movilidad nuevamente e incorporarse a las actividades

Historia de un amor imprescindible

del hogar, pesadas para una sola persona a lo que entre ambas se encargaban que la casa marchara de manera correcta, entre el ir y venir de los quehaceres rutinarios.
Por aquellos días, empezaba la modalidad de la escolaridad abierta, que consistía en sólo asistir a clases a recibir asesorías para presentar exámenes en alguna escuela previamente elegida por la Secretaría de Educación Pública, este tipo de enseñanza era principalmente para personas adultas, que ya no tenían el tiempo de realizar estudios de forma escolarizada como lo hacían los niños y jóvenes. Doña Laurita al escuchar el anuncio en el radio comentó con su hija:
—**Escuché en el radio un anuncio que me pareció muy interesante.**
—**¿Y qué decía ese anuncio?**
—**Que si te gustaría aprender inglés y a la vez terminar tu enseñanza secundaria.**
—**¿Las dos cosas al mismo tiempo?**
—**Es lo que dijo el anuncio.**
—**¿No tomó los datos de dónde es?**
—**No, pero el radio está en la misma estación. Es probable que lo repitan.**
—**Gracias mamá. ¿Cree que aún sea tiempo para que yo pueda estudiar?**

—Si mijita. Aprovecha que estoy contigo y te puedo apoyar en lo que más pueda.
—Pondré la radio para escuchar si lo repiten.

Eran las cuatro de la tarde aproximadamente. Bella se entusiasmó con la ilusión de estudiar, primeramente, el idioma que era algo de lo que más le atraía y continuar sus truncos estudios de cuando era muy jovencita.

Por su mente atravesaron todos sus deseos frustrados, sobre todo el de ser profesora de educación primaria; de entender la música de los Beatles que tanto le gustaba y cantarla; poder viajar y conocer otros países, en fin, tantas cosas que no pudieron ser por la situación económica familiar y ahora, con ese anuncio, joven aún y con la ilusión de sobresalir, de aprender, de cambiar de vida y no sólo esperar que su vida pasara sin dejar huella, la hicieron escuchar atentamente el anuncio.

—"¿Te gustaría aprender inglés a la vez que terminas tu enseñanza secundaria?"
—"No lo pienses más, llámanos y te ayudaremos. Pronto tendrás lo que tanto has deseado, sea lo que sea..."

Bella no lo pensó dos veces. Comentó con su mamá que al día siguiente iría a

Historia de un amor imprescindible

investigar sobre la escuela que ofrecía un futuro mejor. Estudiar tantas materias y aprender inglés por una pequeña cuota mensual.

A hermosa le pareció buena idea, y sin pensarlo buscó sus papeles para inscribirse en esa escuela, que se encontraba en el centro de la ciudad y tendría que viajar diariamente, pero estaba dispuesta a estudiar inglés y obtener un certificado de secundaria, cosa que no pudo terminar cuando era adolescente por diversas circunstancias -principalmente económicas- y ahora tenía la oportunidad de realizarlo. No le tomó parecer a su esposo que, por motivos de trabajo, estaba fuera de la ciudad. Cuando Erick regresó a casa, se encontró con la sorpresa que ya Bella se había inscrito en la escuela y empezaría a asistir a partir de la siguiente semana.

Ese fin de semana fue muy activo para ella, se apresuró a sus quehaceres. Preparó un cuaderno profesional, su lapicera y sobre todo una actitud muy positiva de tener un futuro mejor para ella y su familia.

Empezó a estudiar en un horario de ocho a once de la mañana de lunes a viernes y gracias a la enorme ayuda de su mamá, que llevaba a las niñas al jardín de niños, las peinaba y les preparaba su desayuno por su corta edad, Bella se dirigía a la escuela desde las siete de la mañana y todos los días llegaba a tiempo a recogerlas y diario las veía salir muy felices, cosa que le llenaba de alegría saber que ellas no eran impedimento para que hiciera realidad su objetivo de continuar estudiando y así poder lograr ver su sueño realizado, ser profesora, ahora tenía la oportunidad de luchar para lograrlo.

Como ella había trabajado constantemente en oficinas como secretaria y en otras ocasiones como auxiliar de contador en el departamento de ventas, cuando ya tuvo que cuidar a sus hijas y su tiempo no fue suficiente para asistir a una oficina, había ahorrado algo de dinero y pudo comprarse un carro. Fue un automóvil "Valiant" modelo 1966, en muy buen estado, y como la ciudad de México aún no estaba llena de tráfico ni contaminada como en la actualidad, podía trasladarse en su carro a tomar sus clases e invitó a una gran amiga, la esposa del doctor que curó a su mamá, ambas se acompañaban y regresaban juntas, se compartían los gastos de la gasolina y así, por medio de la constancia y la dedicación, ambas terminaron la educación secundaria. Su promedio final fue de 8.8, cosa que ella no esperaba, porque no se sentía lo

Historia de un amor imprescindible

suficientemente preparada para haber obtenido esa calificación.

Su amiga al obtener su certificado de educación media ingresó a trabajar en el Instituto Politécnico Nacional como asistente educativa, en un CENDI, escuela tipo guardería para los hijos de los empleados de éste. Su amistad continuó por muchísimos años sin contratiempos.

Hermosa y Arturo no volvieron a verse desde ese día en que ella se sintió celosa de Paulina. Fue la fiesta de cumpleaños de su segunda hija y así, sin ninguna explicación y sin volver a hablarse, a verse o comunicarse por ningún motivo, el tiempo fue pasando lentamente para cada uno, ella con su familia, él con su trabajo y ninguno supo nada del otro en treinta y siete años.

Hermosa pensaba que con haber terminado ese ciclo escolar era suficiente, porque había sido un logro obtener su certificado de educación media, pero un vecino muy joven le dio el consejo que continuara. Pensó que tenía la oportunidad de terminar un bachillerato, por lo que presentó su examen de ingreso al colegio de bachilleres y fue aceptada en el turno matutino.

Llevaba buen promedio y su examen fue uno de los de más alto puntaje. Bella consideraba que le ayudó mucho que tenía una carrera comercial y, por lo tanto, buena ortografía y conocimientos generales que incrementaba con la lectura, que desde entonces ya ocupaba gran parte de su tiempo libre.

Ingresó a esta nueva etapa de su vida. Sus hijas ya asistían a la escuela primaria. Las llevaba su papá todos los días, porque ella iniciaba sus clases a las siete de la mañana. Sólo le daba tiempo de peinarlas y salir rápidamente manejando su carrito, que para entonces ya era un Volkswagen modelo 1973.

Al salir de clases, se dirigía al metro y continuaba estudiando inglés, que era su principal interés, asistía a clases de una a dos de la tarde, debido a que ya tenía conocimientos gramaticales sobre el idioma, entró a dar clases como profesora de inglés en algunos planteles de CONALEP, donde no le exigían que tuviera estudios superiores. Era suficiente con los diplomas que tenía de nivel básico.

Terminada la hora de clase, regresaba en el Metro y tenía el tiempo suficiente para pasar por sus hijas a las dos de la tarde con treinta minutos. Se iban a casa a comer con mamá Laurita y posteriormente, Bella se dirigía a su trabajo por la tarde, mientras

Historia de un amor imprescindible

que sus hijas se quedaban en casa haciendo la tarea unos días; otros, asistían a clase de música a una escuela del INBA y su papá las recogía por la noche cuando regresaba de su trabajo.

Esta rutina duró los tres años en que ella asistió a sus clases de bachillerato y obtuvo su certificado de nivel medio superior al mismo tiempo que terminó sus cursos de inglés básico. En esta etapa escolar obtuvo un promedio de 9.0, superando el promedio obtenido en el nivel medio, que fue de dos décimas de punto. Desde luego, este promedio fue muy bueno para ella, quien siguió incrementando su cultura y obteniendo conocimientos, cosa que la llenaba de felicidad, satisfacción y prosperidad para poder obtener un mejor empleo.

Cuando terminó sus estudios de bachillerato, consideró que sería lo último, pero se equivocó. Uno de sus profesores le dio el consejo que hiciera su examen de ingreso a la Universidad Nacional Autónoma de México, que sus conocimientos eran suficientes para obtener su ingreso y que tomara una carrera que le ayudara en su futuro como mujer y madre.

Bella pensaba que le consumiría demasiado tiempo, que ya no podría trabajar y estudiar y que quizá tendría que dejar su trabajo como profesora de inglés, aún así se arriesgó a presentar el examen de ingreso. Fue aceptada en la carrera de pedagogía, en el turno vespertino, a la vez, recibió una oferta de trabajo en una escuela secundaria oficial como profesora de inglés, de la cual era directora una compañera de trabajo del mismo colegio de bachilleres y conocía su trayectoria estudiantil y laboral.

Hermosa al principio dudó en tener una responsabilidad tan grande como una escuela oficial, porque en CONALEP nunca recibió ningún tipo de supervisión, dando siempre buenos resultados y sus alumnos le tuvieron gran estima, por lo que tuvo que realizar una serie de trámites en la universidad y se cambió al turno matutino para asistir a clases, donde iba todos los días de siete de la mañana a doce del día.

Al salir de clases, pasaba por la comida a su casa, que la preparaba su mamá y se dirigía a recoger a sus hijas, se las llevaba a su trabajo y las tres llegaban a casa hasta bien entrada la tarde, aproximadamente a las siete u ocho de la noche. Rápidamente las niñas tomaban su baño, su merienda y se iban a dormir. Ella continuaba con sus tareas escolares hasta que su cuerpo se lo permitía, porque tenía que levantarse al otro

Historia de un amor imprescindible

día muy temprano para asistir a la universidad.

Después de terminar el primer año de educación superior, le fue ofrecido un empleo como profesora en el mismo colegio de bachilleres donde había estudiado. No lo pensó demasiado y se cambió de turno e inició su carrera profesional como docente de nivel medio superior. Al regresar a esa escuela, vio al profesor que le dio el consejo que ingresara a la UNAM y le agradeció por haber tenido la visión de impulsarla a continuar superándose intelectualmente.

Ya estaba cursando el tercer semestre de su carrera y combinaba perfectamente su trabajo, el ir por sus hijas a la salida de su escuela, comer con ellas y su mamá y asistir a clases por la tarde. Llevaba una vida demasiado ocupada, lo que le impedía realizar cualquier otra actividad.

No conforme con las actividades que realizaba durante la semana, reanudó sus estudios de inglés en una escuela particular a la que asistía los sábados de ocho de la mañana a dos de la tarde, hasta que terminó la carrera de profesora de inglés, recibiendo un diploma que la acreditaba como tal.

Unos años después, terminó la licenciatura en la UNAM y continuó con su vida profesional en el IPN, para impartir clases en el área humanista, y debido a su perfil, fue aceptada y reinició su vida como docente de nivel medio superior por ya tener un título y una cédula profesional, además de su diploma como profesora del idioma inglés, requisitos indispensables para ingresar en esa institución educativa.

Estaba muy feliz de volver a esa vida que había abandonado por seguir su corazonada y deseo de ser directora de su propia escuela, sueño que ya había conseguido al iniciarla con la educación preescolar, en unos cuantos años creció tanto que se decidió a abrir la educación primaria. En este proceso de crecimiento se arrepintió de haber abandonado su empleo en el colegio de bachilleres, afortunadamente ya laboraba en otra institución semejante.

La escuela primaria iba creciendo a pasos agigantados. Cada año se inscribían más niños, se vislumbraba un futuro muy prometedor, cuando de repente, Hermosa y Erick, tuvieron dificultades tan fuertes y una traición por parte de él, sin precedentes, gran engaño que terminó con la buena relación de 34 años que había tenido la familia.

Bella nunca imaginó que el padre de sus hijas, el hombre ejemplar fuera capaz de

Historia de un amor imprescindible

esa acción tan vil. Lo encontró en plena relación íntima con la madre de dos de sus alumnos en su oficina, un día que se suspendieron las clases en la escuela de nivel medio superior en que laboraba por la tarde.

Llegó a la escuela y entró sin hacer ruido.
—¿Qué es esto?

—**Por favor, déjame explicarte.**
—**No tienes nada que explicar. Esto es imperdonable. Es mi escuela y mira, tú faltando al respeto a los niños y a mí misma.**
—**Bella, te juro que no es lo que parece.**
—**Es lo que es. Lo que veo no necesita aclaraciones. Señora, salga de aquí y llévese a sus hijos. No quiero verlos por acá nunca más.**

Salió de la oficina dando la espalda mientras ella se arreglaba la falda y él el pantalón. Con lágrimas en los ojos, llamó a los niños y les dijo que recogieran sus cosas porque no regresarían a la escuela.

—**¿Por qué, Miss?**

—**¿Porque mi mamá y el maestro Erick se encierran?**

—Siempre que viene mi mamá temprano se meten a la oficina y se ponen a platicar. A veces se tardan mucho tiempo, porque se ponen a ver película en la computadora.

—¿Y ustedes y los demás niños?

—Nos ponen a ver la tele en otro salón.

Hermosa se dio cuenta que no era la primera vez, así que decidió que su esposo se fuera de la casa, sin importar a dónde. Le preparó una maleta con algo de ropa y lo sacó de su vida.

Él abandonó la casa. Hermosa sufrió una decepción que la llevó al fondo del abismo, superando la pena gracias a la oración.

En este proceso de autodestrucción, los Frailes Conventuales Menores, y sacerdotes Franciscanos la orientaron, le dieron consejos y recibió ayuda moral, hasta que comprendió que un hombre no valía la pena para desear desaparecer de un mundo tan hermoso como el que tenía al lado de su familia que aún conservaba.

Historia de un amor imprescindible

Se supo que Miss Bella había corrido a su esposo de su casa, sin conocer el motivo por lo vergonzoso del suceso, que sólo sus hijas llegaron a conocer, dando el apoyo moral a su madre.

Desafortunadamente ese estado de ánimo tuvo repercusiones en la próspera empresa que resintió la falta de atención. La escuela poco a poco fue decayendo hasta quedar en bancarrota, cosa que algunas de las empleadas y profesoras aprovecharon para demandar a Hermosa, quien, a base de trabajo, sacrificio y ahorro pudo darles una liquidación mediante engorrosos juicios ante la Junta General de Conciliación y Arbitraje y quedar en paz con las demandantes.

Los años que siguieron a la separación de la pareja, fueron para ella demasiado duros, a tal grado, que llegó a pensar en quitarse la vida, creyendo que lo amaba tanto que no sobreviviría sin él.

Afortunadamente, sus dos hijas y los sacerdotes Franciscanos le dieron el ánimo que necesitaba y continuó con su trabajo como docente en el nivel medio superior.

Sobrevino una debacle económica, superándola a base de trabajo y préstamos, y al fin, se vio libre de deudas y ataduras al pasado. Vivía con su hija Ericka, quien fue su apoyo moral para salir de la crisis emocional, física, cultural y económica, que duró casi 7 años.

Por supuesto que desde la última vez que se vieron **Arturo y Bella**, no se dijeron adiós. En algunas ocasiones lo recordaba, pero fue un recuerdo tan mudo e íntimo que nunca lo compartió con nadie y quizá en memoria de ese gran amor, no aceptó las declaraciones amorosas y los halagos de los hombres que la rodeaban como compañeros de trabajo, alumnos, familiares de amigas y **compañeras. Fueron tantas las veces que se acercaron a cortejarla** y ella con su acostumbrada educación no aceptó nunca a nadie, quizá porque aún amaba a su esposo o porque no quiso que nadie borrara la huella de aquel amor prohibido, puro y sincero que tuvo con Arturo que tanto había disfrutado en su momento y sin esperanza de volver a vivirlo.

Por otro lado, Arturo, al no volver a saber nada de ella, se resignó a cambiar de vida. Creyó enamorarse en varias ocasiones, pero el recuerdo de su amada era tan fuerte y vivo que cualquier mujer le parecía insuficiente para llenar ese espacio donde Hermosa estuvo. Un lugar especial en el corazón y la mente que todo hombre tiene en la vida y no se decidía a elegir alguna mujer para compañera o esposa, porque el

Historia de un amor imprescindible

recuerdo de aquel breve y bello amor no se apartó de su mente y su corazón y así fueron pasando los años.
Terminó la especialidad, se dedicó al trabajo y casi diez años después de no tener ninguna noticia de su amada, decidió casarse, porque su mamá le insistía.
—**Arturo, han pasado casi diez años desde que conociste a aquella joven y no te has enamorado.**
—**Es que esa mujer no se olvida fácilmente.**
—**Pero no era para ti. Tienes que pensar en tu futuro.**
—**Si lo he pensado madre.**
—**No has vuelto a saber nada de ella. Seguramente te ha olvidado.**
—**Si madre. Tiene una familia y yo tengo que formar la mía.**
—**No quiero irme de este mundo sin dejarte acompañado. Piensa en casarte hijo.**
—**Tendré que elegir a una mujer para que sea la madre de mis hijos.**
—**Antes que nada, que sea libre no como aquella vez que te enamoraste de...**
—**Calle... ya no me lo recuerde, madre. Casi la he olvidado. Iniciaré una nueva vida.**

**—Qué bueno que reconoces que ese amor nunca fue tuyo.
—Tiene mucha razón, Madre.
—Espero que tengas alguien a tu lado, principalmente hijos, que son los que llenan la vida de luz, armonía, amor e ilusiones. Como tú llenaste la mía.
—Le prometo que pronto le daré la noticia de mi compromiso con una linda doctora.**

Así lo hizo y fue cuando inició una relación seria con Griselda, médico como él, y pensó que sería la compañera ideal para su vida, así que decidió casarse y formar su familia, recordando que Hermosa también tenía la suya.

Nacieron sus hijos, quienes iban creciendo en el seno de una familia muy bonita formada por sus papás y la abuela que tanto los amaba, ya que ella quedó viuda demasiado joven y sólo se dedicó a cuidar a su hijo Arturo a quien dedicó su vida. Pronto las cosas no salieron bien y Arturo y su esposa discutían por cualquier cosa. La madre de Arturo sufría demasiado al verlo pelear con su esposa, mujer autoritaria y mandona, para nada semejante con el verdadero amor de su vida a quien

Historia de un amor imprescindible

seguía recordando a pesar de haber pasado tantos años.

Griselda, debido a su fuerte carácter y tener una profesión y ser tan brillante, era bipolar. Pasaba de un estado de ánimo a otro con mucha frecuencia, se dedicaba a pelear con Arturo, quien siempre guardaba la cordura para no preocupar a su mamá y no herir a sus hijos, quienes los veían discutir constantemente y sólo se concretaban a llorar y refugiarse en los brazos de su abuelita.

Una de tantas discusiones que tuvieron de las que Arturo más recordaba, su primer hijo tenía dos años y él estaba dispuesto a terminar con esa mala relación. Discutieron de tal manera que llegaron a los golpes.
—Por favor, Griselda. Deja de gritar.
—Y, ¿por qué no te callas tú?
—Tú iniciaste la discusión y si no te calmas...
—¿Qué?... ¿Me vas a pegar o qué?
—Sabes que no quiero hacerte daño.
—Eso dices porque eres un cobarde y no te atreves a contestar.
—Si no te calmas es mejor que te vayas a casa de tus padres.
—¿Me corres de mi propia casa?
—Prefiero quedarme solo que seguir con estos constantes pleitos.

Herlinda Guerrero de la Mora

—Pues me voy. Ni creas que te necesito para nada, además me llevo al niño.

A pesar de su corta edad, su pequeño hijo se abrazó a la pierna de su papá y llorando le dijo que no le pegara a su mami. Inmediatamente él pensó que su hijo se iría a vivir a casa de los abuelos maternos donde tenía un primo tres años mayor que su hijo y siempre que estaban de visita allá, era lastimado y golpeado por el primo, así que decidió tragarse su orgullo, humillar su dignidad y pidió perdón, rogando que se olvidara ese mal día y esas constantes agresiones entre ambos.

Motivo de esta reconciliación y supuesto perdón por parte de ella, fue la concepción de su segundo hijo, una nena tan linda y dulce que hizo que se olvidara de todo el dolor vivido los años anteriores.

Su hija llenaba su vida de alegría, de mimos, de amor y empezó desde entonces a sentirse la preferencia por los hijos. El niño consentido por su madre y la nena por su papá al grado que vivía para complacerla, llevarla a la escuela, recogerla a la salida, jugar con ella, llevarla a fiestas, en fin, centró su vida en esa nena, quizá queriendo suplir el amor de su esposa por el de su hija, que significaba todo el mundo para él.

Historia de un amor imprescindible

La nena crecía y Arturo dividía su amor entre doña Isadora y su hija, porque las relaciones con su esposa iban de mal en peor y su mami, tratando de suavizar las cosas, casi siempre estaba del lado de Griselda, lo cual molestaba sobremanera a su hijo.

Griselda y Arturo discutían a menudo, doña Isadora, centrada como era y con prudencia lo hacía reaccionar y reconocer sus errores, por lo regular, era él quien se humillaba la mayoría de las veces para ofrecer una disculpa y ceder.

Todo esto lo hacía por el bien de sus hijos, que eran su motivo de vivir y por ellos soportaba el maltrato de su esposa. Esto ocasionó que se fuera abriendo un gran abismo entre ambos, lo que los llevó a cohabitar, pero rompieron la intimidad como pareja. Por estos días, la Sra. Isadora enfermó a tal grado, que ni su hijo ni su nuera pudieron salvarle la vida. Arturo quedó sólo sin su madre, resignado a estar al lado de sus hijos a quienes tanta falta les hacía y amaba.

A los pocos meses de la muerte de su abuelita, los niños tenían aproximadamente la edad de ocho y diez años cuando por una dificultad muy fuerte que se dio entre sus padres, nuevamente agresiones físicas y

verbales, cuando ya no soportaron más insultos y golpes intervinieron los hijos suplicando y llorando que las cosas se calmaran pese a su corta edad, les hicieron razonar que la vida sin ellos no podría seguir su curso normal.
—Papá, por favor, ya no discutas con mamá.
—Voy a intentar controlarme, hijo.
—Cada vez que los vemos pelear, siento que me voy a morir.
—¡No digas eso, hijo! ya no voy a decirle nada a tu mamá.
—Así dices siempre, y le gritas y pelean.
—Por ustedes trataré de enojarme menos. Lo prometo.

Abrazó a sus hijos e inmediatamente Griselda lo agredió diciendo:
—Ya lo ves, por tu maltrato, tu hijo se quiere morir.
—Pero si siempre eres tú quien inicia las discusiones.
—¡Claro, como no eres para cooperar en nada, cómo quieres que no proteste!
—Pero de qué manera quieres que coopere, si hago lo que me corresponde y más.
—Ya ves, ya estás gritando otra vez, mejor me voy y me llevo a mis hijos.
—Pero ¿qué estás diciendo?

Historia de un amor imprescindible

**—Que te quedes con tu maldita hipocresía y en soledad, me voy, ya no te aguanto más.
—¿Irte a dónde?, ¿llevándote a mis hijos?
—A donde ya no te vea ni tenga que aguantarte.**

Griselda se dio media vuelta y jaloneó a los niños. Arturo apretó los dientes y movió la cabeza, reprimiendo la ira que sentía al ver que le arrebataban a sus más grandes tesoros... sus hijos. No tuvo fuerzas para continuar con la discusión y se limitó a suspirar y decir.

**—Griselda, por favor...
—¿Por favor qué...?
—Sólo cálmate y...
—¿Y qué...?**

Arturo guardó silencio. El niño, nuevamente como hacía ya ocho años atrás y la mayoría de las veces que los veía pelear y discutir, suplicó a su papá que no los corriera de esa casa, que era de ellos cuatro y que si alguien tenía que irse era Arturo, porque él, su hijo, quería mucho a su mamá y a su hermana y en este caso, quien tenía que irse de la casa era el papá, sin comprender aun el significado de sus palabras y lo que un padre representa como cabeza de familia y sin medir las consecuencias de despedirlo de su propia casa.

Nuevamente Arturo tomó la iniciativa de ceder, pedir perdón, aguantarse y llorando, sintiendo impotencia ante esa situación, cedió y en varios meses no le dirigió la palabra ni el saludo a su esposa; se limitaba a vivir, ver a sus hijos, responsabilizarse de lo que le tocaba como padre y jefe de familia, hasta que se acostumbró a esa vida de abandono y soledad, donde era sólo atendido por la empleada doméstica y cuando llegaba a cruzar algunas palabras con Griselda, era sólo para informarle algunos sucesos importantes o preguntarle algo relacionado con los niños o la casa. Se perdieron por completo el afecto y el respeto y por supuesto, el amor que alguna vez existió entre ambos. (Si es que lo hubo).

Él estaba seguro de haberse equivocado al elegir a esa mujer para compañera y madre de sus hijos y seguido lamentaba su cobardía por no haber luchado por su amor de juventud. Se refugiaba en brazos de mujeres que lo seguían sólo por el interés de su posición social, cultural y económica. Toda esta vida de aventuras y sinsabores lo llenó de tristeza y dolor, porque nunca nadie pudo ocupar

Historia de un amor imprescindible

completamente el lugar de la mujer que tanto amó hacía ya tantos años y seguía amándola y recordándola, quizá con más vehemencia que ella a él.

Así, entre dificultades y soledad, viajes, congresos, cirugías y consultas fueron pasando los años. Sus hijos fueron creciendo y él sintiéndose profundamente orgulloso como padre por el éxito escolar de ambos, siguió viviendo sin esperanzas de volver a ser feliz, pues en dos ocasiones que pensó estar enamorado de mujeres que creyó le llevarían a algún tipo de felicidad, fue traicionado y engañado.

Cuando iniciaba una nueva relación, esperaba recibir algún tipo de afecto. Ponía todo de su parte para ser feliz, más cuando creía que lo lograba descubría el interés mezquino de la pareja. Terminó con ambas relaciones dejándolo más herido de lo que ya estaba y sin tener un hombro sincero para llorar, lo que provocó que se dedicara con más atención en su trabajo, escribir artículos médicos en revistas especializadas, realizar algunas investigaciones, visitar más a sus amigos y asociaciones a las que pertenecía y sólo llevaba a su casa dinero para sufragar los gastos familiares, sin importarle el destino que tuviera éste, ni si era aprovechado de manera productiva o despilfarrado en vanidades y gastos superfluos.

Sintió su vida tan vacía al ser engañado por algunas mujeres, incomprendido por la esposa, olvidado por su único amor de juventud, que procuraba pasar la mayor parte del tiempo fuera de casa.

Asistía cada fin de semana a una Sociedad de Poetas, Músicos y Escritores a la cual pertenecía, y sus hijos ya no lo buscaban como cuando niños. Habían pasado su adolescencia en compañía de su padre, algunas veces de su madre, pero en contadas ocasiones como familia y ahora, ya adultos y médicos, cuando estaban por terminar la especialidad, llegó el momento cuando Arturo recibió noticias de la mujer que siempre había ocupado su corazón.

Arturo sintió que renacía nuevamente al amor, cosa que para él fue una gran sorpresa, porque estaba casi muerto en vida por la separación que tenía con Griselda, sus hijos adultos y casi siempre fuera de casa, él, siempre solo, sentía que su vida había sido un fracaso, porque no tenía una pareja estable y como hombre, carecía de afecto y cariño sincero, porque como padre estaba satisfecho de continuar cumpliendo con sus hijos, y ahora, Hermosa regresaba a su vida

Historia de un amor imprescindible

Capítulo IX

LA ALEGRÍA DE ENCONTRARSE.

> Porque sin buscarte
> te ando encontrando
> por todos lados,
> principalmente
> cuando cierro los ojos.
>
> Julio Cortázar.

Herlinda Guerrero de la Mora

Desde que Erick se fue del lado de Hermosa hacía ya casi nueve años, ella continuó trabajando, esforzándose y superó las demandas laborales y todo lo que conlleva el desgaste financiero y emocional.

Bella estaba resignada a morir sola. No concebía la idea de volver a enamorarse, porque se decía a sí misma: **"Si el hombre que consideré perfecto y dijo que me amaba me traicionó, qué puedo esperar de otro que no me ame ni me conozca".**

Desde joven su idea de hombre ideal era muy elevada, por tal razón no aceptaba galanteos de los jóvenes de su edad y mucho menos ahora, adulta, responsable, independiente, no aceptó que algún pretendiente se acercara a ella, ni que le hablaran de amor.

Evitó aceptar invitaciones a salir con algún amigo, aunque no tuviera intenciones de enamorarla y cuando asistía a los bailes de la escuela en que trabajaba, siempre iba sola. En fin, puso una barrera inquebrantable, comportándose de una manera muy vertical y hasta mojigata, desde el punto de vista de sus amigas y también de sus hijas; en varias ocasiones le sugirieron que rehiciera su vida, tuviera un

Historia de un amor imprescindible

amigo, saliera con alguien. Ella se negó rotundamente a esas sugerencias, se concentró en su trabajo y a amar a sus dos hijas y a sus nietos, quienes llenaban su vida "aparentemente" creyendo que no necesitaba de nadie para ser feliz.

Cierto día, Ericka, su hija menor enfermó y tuvieron que asistir a un hospital. En el directorio había un doctor de apellido Álvarez. Hermosa recordó a Arturo y pensó en buscarlo, pero su hija tuvo que ser intervenida quirúrgicamente y ese suceso ocupó su atención y se concentró en cuidarla y atenderla hasta que se restableciera, de tal manera que no volvió a pensar en otra cosa que no fuera la salud de su hija. **Por esos** días llegó la navidad, el año nuevo y otros pensamientos y actividades ocuparon su tiempo y su mente.

Veía a las parejas por la calle, en su trabajo, a sus amigas y pensaba que su tiempo de amar había pasado. **Sufría** en silencio por esa falta de amor y nunca comentó nada al respecto, resignándose a la soledad y al sufrimiento, fingiendo siempre ser feliz con lo que la rodeaba.

Cuando su hija ya estaba sana nuevamente, tuvo que regresar al hospital para su revisión **postoperatoria de rutina y confirmar su buen estado de salud.** Bella vio nuevamente el directorio y recordó a Arturo, y cuando su hija fue dada de alta definitivamente, ahora sí decidió buscar a su doctor, poniendo un mensaje en su Facebook, que decía más o menos así:

"—Si eres el Dr. Arturo Álvarez, comunícate conmigo, soy tu paciente de hace muchísimos años. Tu amiga y admiradora Hermosa Gutiérrez".

Arturo vio este mensaje en su Facebook, pero no lo podía creer. Volvió a leerlo varias veces y recordó su amor de juventud. Hermosa Gutiérrez lo había encontrado después de 37 años de no saber nada de ella, de no tener noticias suyas, no podía siquiera pensar que pudiera ser Bella, su "Amada amante" —como él la llamó por una canción de Roberto Carlos que hacía que la recordara cada vez que llegaba a escucharla por casualidad—, a quien él había dado por perdida y alejada de su vida desde que no tuvo más noticias de ella.

Hermosa había olvidado ese mensaje, porque hacía casi un mes que lo había escrito y al no tener respuesta pensó que no era él, su amor prohibido de juventud y que era sólo coincidencia en apellidos, así que no insistió más.

Historia de un amor imprescindible

Continuó su vida solitaria, monótona y rutinaria. Habían pasado casi dos meses desde que escribió ese mensaje y como casi todos los días, abrió su Facebook y vio una respuesta de Arturo, donde le contestó:

"—¡Claro que te recuerdo!, hace casi cuarenta años que no sé nada de ti"

Sí que la recordaba. Hacía muchos años que se habían conocido y para él, ella era su mejor y más grato recuerdo.
Bella no lo podía creer.
Recibió respuesta de esa persona a quien había amado. Lo consideró perdido al alejarlo de su vida porque enterró sus sentimientos en lo más profundo del mar del olvido, en el baúl de los recuerdos y en lo más profundo de su corazón y de su mente.
Encontró a Arturo... el hombre que para ella significó tanto durante su estancia en el hospital hacía ya más de cuarenta años. Aquel joven vestido siempre de blanco, serio y amable, educado y cortés que la conquistó con su franca mirada y sus constantes besos en la mano.
Cuando recibió respuesta a su mensaje, en ese momento, se sintió tan desconcertada por esa respuesta, que por su cabeza cruzaron mil ideas, sin poder creer

que después de tantos años volvía a tener comunicación con él, sobre todo en esos días, que se encontraba tan sola físicamente, porque Ericka se había independizado y ambas vivían en casas separadas.

Eran vecinas, vivían en el mismo edificio de departamentos, pero por el trabajo que tenían se veían poco, sólo los fines de semana.

Hermosa no queriendo intervenir en la vida de su hija se alejaba para no ocasionarle algún contratiempo en la nueva etapa que recién iniciaba y además como es lógico, los hijos se oponen a escuchar consejos de su madre y ponerlos en práctica, argumentando que su vida les compete exclusivamente a ellos y nadie tiene derecho a opinar, porque consideran que será perfecta, casi como ocurrió con los protagonistas de esta historia.

Este mensaje recibido de Arturo la hizo cambiar de manera de pensar y actuar.

Por su mente corrieron nuevamente los recuerdos de lo vivido en el hospital, uno a uno, casi cronológicamente. Fue reviviendo las noches en compañía de Arturo, las medias tortas que compartieron, los dulces y los chocolates que él clandestinamente le llevaba.

Historia de un amor imprescindible

Tantas tardes y noches en aquel cuarto de hospital, cuando él se sentaba junto a su cama y ambos veían una película...; sus largas conversaciones hasta que el doctor se quedaba dormido en la silla, Bella en la cama y la televisión prendida hasta que alguno de los dos despertaba o entraba alguna enfermera a revisar el estado de la paciente y tomar los signos vitales, Arturo se despedía nervioso de haber sido sorprendido durmiendo junto a la cama de su paciente.

También recordó la manera en que se conocieron y los obstáculos que tuvieron que vencer para verse tanto dentro como fuera del hospital.

Vinieron a su mente las veces que Erick se enojó y discutieron porque sintió celos del doctor y cómo, de manera natural y sencilla se fue convirtiendo poco a poco en su amigo y la forma inesperada en que fue tejiéndose ese amor sin esperarlo, sin saber cómo se fue dando; cómo la mutua atracción, el amor prohibido, crecieron y hasta que tuvieron que separarse para no continuar con ese romance clandestino y así evitar consecuencias mayores.

Ahora, no se imaginaba el impacto tan grande que este reencuentro produciría en la vida de ambos, sin saber que Arturo estaba solo y triste como ella; nada más se limitó a esperar verlo conectado y empezar a platicar con él. No tenía esperanzas de reiniciar un romance. Estaba casi segura de que serían grandes amigos porque desconocía todo acerca de la vida del hombre que amó tiempo atrás.

En la vida de Arturo y en la de Hermosa hubo grandes cambios. Es de suponer que, lo más lógico, era que ella no encajara en los planes de Arturo, mas no quería adelantar juicios, tenía que esperar la respuesta del tiempo y, sobre todo, valorar el rumbo que tomaría este reencuentro. Ella esperaba que fuera favorable para ambos.

Arturo, por su parte, tenía su corazón vacío, lleno de rencores y fracasos amorosos, lastimado moralmente, endurecido por las heridas provocadas queriendo ser comprendido y deseando ansiosamente ser amado, objetivo que no logró a pesar de sus esfuerzos. Sufría en silencio, aparentando ser feliz con su familia, donde la frialdad y distanciamiento con la madre de sus hijos aumentaba cada día.

Estaba anhelante de vivir un sentimiento sano y sincero por parte de las mujeres con quienes había tenido un romance o algún encuentro ocasional, (incluyendo a su esposa), de quien se sintió enamorado hacía

Historia de un amor imprescindible

ya tantos años, pensando que lo haría olvidar su amor de juventud y quien fue desafortunadamente Griselda, uno de los más grandes errores de su vida.

Consecuencia de lo anterior, al ver ese mensaje pensó que sería demasiado bello para ser verdad. Ese breve correo que provenía de Hermosa, su gran amor que a pesar de haber pasado tantos años, creyendo que había muerto para ella, ahora le escribía, queriendo contactarlo, le devolvió el alma al cuerpo y pensó que tenía una remota oportunidad de volver a ser feliz.

Durante esos 37 años que tenían sin verse, él poco a poco se fue resignando a no tener noticias de ella, desde aquel día en que se despidieron en el primer cumpleaños de Ericka, cuando comprendió que no tenía derecho a destruir una familia sólida y mucho menos dañar a ese par de angelitos, tan bellos e indefensos como eran las dos niñas.

Recordaba que la hija mayor tenía dos años y medio y la pequeña un año, en la edad en que más necesitan a su madre, donde es insustituible y su padre, el más grande apoyo económico y moral. Ambos como ejemplo de vida para esas nenas, seres en crecimiento y formación a quienes amaba por el sólo hecho de ser hijas de la mujer que tanto adoraba.

Cuando este pensamiento cruzaba por su mente, también tuvo grandes recuerdos, sobre todo no sintió ningún tipo de rencor hacia sí mismo, sólo se limitó a evocar los dichosos días desde que la conoció, cuando le realizó su historia clínica, las veces que tuvieron que posponerse los estudios clínicos y lo molesto que se ponía cuando esto ocurría.

Innumerables tardes y noches junto a la cama de Hermosa platicando de tantas cosas y mirándola sonreír, la manera tan simple e inexplicable en cómo se fue enamorando de ella.

Otro de los recuerdos más tristes que llegaron a su memoria fue cuando supo su estado civil y lamentó no haberla encontrado antes. La forma tan amable en que diariamente lo saludaba y él mirando su cabello rubio y sus gruesas trenzas, su cara siempre limpia y alegre y cómo todo ese conjunto de cualidades que la caracterizaban fue haciendo que naciera en él esa gran admiración por una persona tan desconocida y empática, a quien había deseado conocer durante toda su vida. Había llegado tarde a ella, pero sin ser un

Historia de un amor imprescindible

obstáculo para amarla y pensar que con ella formaría su familia.

También vinieron a su memoria las tortas de jamón y queso que compartía con Bella, sólo la mitad para que no fueran a provocarle algún trastorno alimenticio, y las palabras y miradas que él tan disimuladamente le dirigía, y ella por su corta edad y falta de madurez, no comprendía, pensando que era sólo amistad, pero para él significaba más que eso…, se había enamorado de una mujer casada.

Era la primera vez que le ocurría. Había tenido romances pasajeros con jóvenes solteras, desde que era estudiante universitario hasta compañeras de trabajo y en esa ocasión, encontró la mujer ideal para él, por su estado civil era prohibida en ese momento y quizá para siempre.

Un recuerdo más, quizá de los más bellos, que vino a su memoria fue el de la primera vez que la besó en el hospital, la manera en que ella reaccionó, y cómo poco a poco fue naciendo ese amor entre ambos, hasta que llegado el momento, se convirtió en entrega física y fusión de almas, que a pesar de tantos años, seguían unidas por ese cordón de plata, indestructible por estar atado a un amor verdadero que perduró a través del tiempo.

Revivió uno a uno los momentos de aquel único día en que estuvieron a solas, amándose sin limitaciones y se entregaron mutuamente el cuerpo, el alma y el corazón. También recordó los días en que posteriormente se encontraron y muy especialmente la vez que tocó el acordeón para ella.

Vinieron a su mente los cumpleaños de las niñas, y recordó a Paulina y su insistencia por agradarle, ignorando ésta, que el único propósito que lo llevaba a esa casa era ver a su amada, su Bella, su Hermosa, sin esperanza alguna de recuperarla y sólo alimentarse con su presencia y lamentar que no pudiera ser la compañera de su vida.

Eran tantos los recuerdos que lo unían a ella... tantos momentos hermosos que conservaba de esa atractiva mujer, que le hubiera gustado en ese momento navegar a través de la red y verla, abrazarla como hacía tantos años lo había hecho y disfrutar una vez más de su sonrisa, sus palabras tan amables y por qué no, volver a besar sus manos como lo hizo a escondidas tantas veces... besar sus labios y tenerla junto a él, pero, por la distancia que los separaba, en ese momento no era posible, así que se resignó sólo a revivir en su memoria y su corazón ese gran amor que anteriormente se tuvieron y que ahora renacía en él por tener noticias de ella y saber que no lo había olvidado del todo.

Al igual que ella, no imaginaba lo que ocurriría después de contestar ese mensaje cuando le escribió:

— "Me da gusto que te hayas acordado de mí y me hayas buscado y encontrado. Tantos años de no tener comunicación, pero, sí, tienes razón, te recuerdo porque esa época en el hospital fue la más significativa de mi vida, donde tuve de todo, éxito profesional, técnicas mejores

En ese momento de contestar el mensaje, sintió que un gran temblor recorrió todo su cuerpo. Fue la emoción de saber que ella no lo había olvidado, y que, al buscarlo, por lo menos una gran amistad entre ellos podría resurgir.

Le emocionó leer sus mensajes en el Facebook, que ya eran dos. Le contestó con mucho gusto, y ahora que la había encontrado nuevamente, pensaba que la vida de ambos tenía algún propósito y no era casualidad ese reencuentro en esas circunstancias, separados por tantos cientos de kilómetros, pero con el pensamiento unido por el recuerdo de ese gran amor que hacía tantos años los unió.

En uno de tantos correos que se fueron escribiendo, le contó que se había casado a los 42 años, que tenía dos hijos y sus planes futuros donde, desde luego, ella no formaba parte de ellos por el momento, debido a la gran ausencia, a esos 37 años sin tener noticias uno del otro, ignorando el rumbo que sus vidas tomarían ahora que se habían puesto en contacto nuevamente por ese moderno medio, tan desconocido en sus tiempos de jóvenes, donde su comunicación fue siempre telefónica, hasta que se interrumpió definitivamente para el bien de la familia de Bella.

Historia de un amor imprescindible

Capítulo X

El amor es una gota derramada
de la copa donde sólo bebe Dios,
resbaló y burló a toditas las estrellas
y fue a posarse entre nosotros dos.
Canción colombiana.

ENAMORADOS OTRA VEZ

He experimentado de todo
y aseguro que nada es mejor
que estar en los brazos
de la mujer que amas.

John Lennon.

Herlinda Guerrero de la Mora

Hermosa y Arturo empezaron a escribirse como dos grandes amigos y la felicidad se fue reflejando en los mensajes.

—HERMOSA.- "Paz y bien querido amigo. Buenos días. No imaginas el gusto tan grande que me dio saber que tienes una bella familia como la mía. Ya verás que más pronto de lo que imagines, tendrás sobre tus rodillas algunos pequeñitos que acrecentarán tus ganas de vivir porque en mi opinión, los nietos son algo maravilloso que nos llena de energía, paz, alegría, y como ya crecen los hijos, nos vamos quedando solos y esas caritas alegres nos reavivan. Gracias por decirme lo de caminar. Tengo operada la rodilla izquierda y me compré una caminadora. Camino media hora todos los días, ahora tengo 15 días que no lo he hecho porque tuve un esguince en el pie derecho y estuve de incapacidad y camino con dificultad, pero en cuanto me recupere, seguiré tu sabio consejo. Me despido enviando un cordial saludo a toda tu familia y deseando Dios los bendiga siempre".

Historia de un amor imprescindible

—ARTURO "Lo que ahorita me ha reactivado y me ha dado mayor gusto es tener comunicación contigo".
—A mis hijos les faltan uno o dos años por terminar su especialidad Rayos X uno y la otra Anestesiología. Quizá ella se case primero,
—Eres joven todavía pues hasta en 3 ó 4 años entrarás a la tercera edad…, pero la juventud es un estado mental… debes sentirte joven como en 1971-74… El ejercicio es básico para mantenerse longevo y sano… lo veo con mis pacientes, centenarios algunos.
—El 14 podré programarme para estar en México para poder saludarlos y conocer a tu nueva familia. De las niñas me acuerdo muy bien, muy pequeñas. La chiquita era Ericka, pero de la grande no recordaba su nombre. Hasta pronto. Es un placer saludarte".
Estos fueron los dos primeros mensajes que se enviaron a través de Facebook y para ambos fue una gran alegría haberse encontrado. Ninguno de los dos tenía la más remota idea de lo que este reencuentro ocasionaría. Se limitaron a vivir el momento, a contestarse, sentirse felices sin pensar en el futuro. Reviviendo el pasado

tan lejano, pero real y qué recuerdos dejó en la vida de ambos.

— **HERMOSA.- "Gracias Arturo. Me da gusto que me contestes tan rápido, creo que estás igual de emocionado que yo por recibir noticias tuyas. Si ya te reíste, con tanto chiste y anécdota que te cuento, es que pensaste en mí y en los otros correos que te escribo y envío, espero que te alegren el día como a mí me lo alegra saber de ti. Solo espero que no vayan a encelarse en tu casa, porque yo te escribo y te leo con toda la confianza y seguridad, porque vivo sola, es algo que te contaré más tarde, ahora no, porque cada vez que lo cuento o lo repito lloro, y por ahora estoy muy feliz. Espero no llegar a aburrirte con tanta palabrería, y cuando dejes de contestarme, DEJARÉ DE ESCRIBIRTE**

"Te recuerda. Bella".

Los mensajes continuaron, platicándose lo relacionado con la familia de ambos, intercambiando todo tipo de información. Ella le platicó sobre su éxito profesional y la manera en que se había formado como profesora y él sobre su jubilación y su actividad como médico.

Historia de un amor imprescindible

Una de sus conversaciones fue que actualmente sólo realizaba cirugías pequeñas y daba consultas particulares. Ella sobre sus clases en el plantel escolar donde trabajaba y ambos, ocultando la gran verdad que escondía su vida llena de sufrimiento, la de él desde hacía 20 años y la de ella, casi 9 años de soledad, sin tener la confianza suficiente para sincerarse. Aún no podían decirse toda la verdad acerca de sus solitarias vidas.

Esto duró sólo unos días. Bella esperaba verlo conectado en el Facebook y él, debido a sus ocupaciones, se conectaba poco, así que esa comunicación era esporádica y siempre giraba en torno a pláticas triviales como los planes y proyectos que cada uno tenía.

Por estas simples y cotidianas pláticas, Bella le pidió que le enviara su correo electrónico y le comentó que sería preferible que se escribieran por ese medio, que sería más personal y tendrían más oportunidad de continuar platicando, sin esperar la coincidencia de tiempos para entablar conversaciones y continuar con esa amistad y la alegría de haberse reencontrado.

Cuando Hermosa escribió su correo electrónico y se lo envió bella@hotmail.com, inmediatamente

Arturo contestó y le envió el suyo, <Arturo@hotmail.com, pidiéndole que confirmaran mutuamente para que ambos estuviesen correctos y poder empezar a escribirse.

Bella lo copió y al escribirlo por primera vez, sintió que una sensación de alegría inundaba su cuerpo, temblaba de emoción al momento que redactaba la primera carta a ese amor del pasado, único para ella, el cual no imaginó que llegara a ser tan importante al grado de cambiar su vida para siempre.

De igual manera, Arturo no tenía ni la más remota idea de las consecuencias que traería el haber encontrado a su real, primero y único amor de juventud.

Desde que no volvió a comunicarse con él, fue olvidándose poco a poco de esa gran persona a quien creyó nunca volvería a ver y supuso lo había olvidado por la falta de comunicación entre ambos, ahora, que estaba al otro lado de la línea vía internet, su corazón latió inundado de una alegría indescriptible.

Lo mismo sintió Arturo, su corazón comenzó a latir tan rápidamente que sintió que se paralizaría y tuvo que tomar un calmante, pues la hipertensión lo había atacado.

Historia de un amor imprescindible

No estaba muy mal, 20 pulsaciones arriba de lo normal y cualquier alteración emocional le provocaba un aumento superior a lo permitido y esa emoción que sintió al saber que Bella aún pensaba en él, que recordaba ese romance tan fugaz pero verdadero, ignorando las consecuencias que provocarían sus cartas, no tenía claro de qué le hablaría, si continuaría platicándole trivialidades como lo hacía por Facebook o se enamorarían nuevamente.

De repente pensó que quizá podrían verse o sólo sería una amistad pasajera, en fin, su cabeza era un mar de confusiones, se dejó llevar por el momento.

En cambio, Hermosa se sentía tan emocionada por haberlo encontrado en esos momentos de soledad y aburrimiento, también por su mente pasaron muchas ideas por si volvía a verlo. **También ella era un mar de confusiones y sentimientos.**

Los correos no se hicieron esperar. Al principio empezaron a platicarse episodios de su vida, de cómo fueron transcurriendo los años y el recuerdo de cada uno en la vida del otro se fue apagando sin extinguirse; ella lo guardó en secreto tantos años y nunca contó a nadie sobre lo vivido aquel día, en aquella intimidad tan propia de ambos, de vez en cuando venía a su memoria como su único pecado el haber tenido un amor prohibido en su juventud.

Hermosa se sintió arrepentida por haber faltado a su juramento matrimonial, pero jamás de haber vivido lo de ese día, y cada vez que lo recordaba se decía a sí misma que fue lo mejor que pudo haberle pasado después, el no volver a ver a ese amor bello, real, prohibido en aquel tiempo.

Por su parte, Arturo lamentaba su falta de coraje al no haber luchado por el primer y único amor auténtico y verdadero en su vida.

Frecuentemente llevaba a su memoria aquella ocasión cuando se entregaron uno al otro. Bella tan joven y bonita y él apuesto, galán y bien parecido, lamentando su falta de coraje y no haber luchado por su relación, aunque prohibida, pudo haber durado más de un día, ninguno de los dos tuvo el valor para invitarse a revivir ese momento, se limitaron a no volver a mencionarlo, alejarse y tratar de olvidarlo.

Ahora que habían vuelto a ponerse en contacto ya adultos y habiendo cumplido con su familia, ambos en soledad y con una vida vacía, ninguno de los dos imaginaba que volverían a enamorarse.

No tenían la más remota idea de las cartas que se escribirían y que tantas

Historia de un amor imprescindible

promesas de amor guardadas hacía tantos años y ahora renacerían, **había sentimientos y confesiones** que nunca se dijeron, quizá por miedo al futuro y a no poder sostener esa relación tan prohibida, pero a la vez sublime y quizá por sentirse ambos inmaduros e inseguros y que pudiera tener un final feliz.

En realidad, sus vidas transcurrieron de forma feliz y normal (aparentemente) porque ambos creyeron encontrar la felicidad en otra persona. Bella al lado del esposo que ya tenía y Arturo esperando a la mujer que lo hiciera olvidar ese romántico encuentro de su juventud que no se había separado de su memoria, porque cada vez que tenía una mujer en sus brazos recordaba a Hermosa, la única y verdadera dama que realmente había amado e intentaba olvidarla al tener contacto con otros cuerpos, lo cual era imposible, porque la imagen de Bella no se apartó jamás de su memoria.

Así, empezaron a recordar los momentos vividos en aquella época juvenil de ambos y poco a poco sin darse cuenta, renació ese amor que creyeron dormido y terminado, pero como "donde hubo fuego cenizas quedan", de ellas renació el amor que consideraron dormido para siempre, pero que no murió.

Bella tenía tanta ilusión por volver a verlo, que inició un tratamiento para bajar de peso, ahora tenía motivación para seguir una dieta. Anteriormente había intentado varias veces esta tarea, pero al no tener un motivo para hacerlo, abandonaba cualquier método, volvía a comer como era su costumbre y recuperaba el peso, ahora era diferente.

Tenía la ilusión de ver a ese amor, a quien conoció joven, esbelta, sin canas ni grasa en el abdomen y por supuesto, entre pláticas, le decía que su cuerpo había cambiado, que no era la misma de hacía 37 años, que el paso del tiempo había hecho algunos cambios físicos en ella, a lo que Arturo contestaba que también por él había pasado el tiempo y ya no era el joven del que se enamoró, que su corazón era el mismo, un poco más experto en cuestiones de amor y que el lugar que ella ocupaba era el mismo porque jamás salió de él.

"Nadie, a pesar de que el tiempo ha pasado, ha podido ocupar tu lugar. Eres la mujer de mi vida y estás en mi corazón desde el primer día que te vi...".

Historia de un amor imprescindible

Fueron las palabras que Arturo escribió cuando le recordó lo mucho que significaba para él.

Bella, por su parte, le contestó que guardaba su recuerdo, pero que las actividades que realizó en su vida provocaron cambios que la hizo casi olvidarlo, recordándolo como lo que fue, un amor que consideró su único pecado juvenil, del cual nunca habló a nadie, guardándolo en su corazón y reviviéndolo cada vez que venía a su memoria.

Intentó olvidarlo por sus convicciones morales y religiosas, **más ahora que lo había encontrado nuevamente, estaba** dispuesta a luchar por él y lograr lo que en la juventud les fuera impedido.

Desde que se encontraron a través de Facebook, empezaron a escribirse constantemente cosas sin importancia y algunos datos de lo que había sido su vida a grandes rasgos y fue así como renació ese amor. He aquí algunas de las cartas que se escribieron. Siendo autorizada su publicación por los protagonistas.

HERMOSA: "Querido Arturo. Ojalá dentro de tus múltiples ocupaciones

tengas tiempo de ver y leer estos mails que te envío. Me parecen con buen contenido, y por eso, por la gran amistad que nos une, comparto contigo. Imagina, si cuanto te encontré en el Facebook entusiasmada buscaba tus mensajes, pienso que ahora por correo va a ser más fácil, mientras transcurre ese largo año para que podamos saludarnos nuevamente. Aunque me sugieres que solo te conteste si llegó el correo, no pude resistir la curiosidad de escribirte y compartir contigo algunos de los interesantes correos que me envían mis amigos por internet. Espero los disfrutes y te gusten los pensamientos".

ARTURO.- "Claro Bella... está perfecto, si te llegó bien el correo... adelante. Ya para mí es un gran momento recibir tus mensajes... mañana te platico más, tengo poco tiempo, me retiro, pero te agradezco muchísimo... vamos a escribirnos mucho. Hasta mañana. Eres bella de nombre, cuerpo y de espíritu y no se diga de belleza física y espiritual... eres lo máximo... una chulada de mujer. ese correo de Mafalda me va a faltar

Historia de un amor imprescindible

tiempo, pero voy a alegrar a infinidad de amigas y comadres".

Estos fueron dos de los primeros correos que se escribieron. Bella estaba tan emocionada de que él hubiera recordado el nombre con que la llamaba toda su familia desde que era pequeña —y aún la siguen llamando igual— que no se imaginó el camino que tomarían sus vidas al escribirse. Pensaba que sería muy difícil para ambos, a pesar de todo, esos correos continuaron.

HERMOSA: "Querido Arturo. Estaba indecisa si contarte que lo primero que hice al levantarme fue abrir el correo y al leerlo me produjo una mezcla de alegría y tristeza, júbilo y nostalgia, porque lloré, si... Lloré porque la vida fue injusta con nosotros, nos conocimos dos años tarde y no me acordaba de la corbata, es más, no está registrada en mi memoria, pero si existe y eso te trae un recuerdo grato, que bueno que está. En más de 35 años que no nos hemos visto, siempre, siempre, siempre al hacer mis oraciones, me he acordado de ti, rogando a Dios nuestro señor te bendiga y te cuide porque eres una de las personas que más me ha ayudado en

la vida, primero por lo de la operación, gracias a ella tengo a mis hijas y, por lo que vivimos, tan fugaz, pero tan nuestro y pienso que no supimos tomar la decisión a tiempo, otra hubiera sido nuestra vida, pero si hay otra vida después de esta, desearía pasarla a tu lado, (nuevamente estoy llorando), mejor ya no le sigo...".

La respuesta no se hizo esperar. Arturo escribió inmediatamente lleno de emoción por lo que Bella, su amada le había escrito.

ARTURO: "Por favor, no quiero que te preocupes porque eso mina las defensas... y nos puede restar años de vida... vamos a luchar por tener buena salud y comunicarnos por muchos años..., pero por favor sé feliz... tu felicidad es la mía...".

Hermosa sentía que su corazón latía más rápido de lo normal. Arturo esperaba seguirse comunicando con ella por muchos años y ante todo deseaba su felicidad y que ella estuviera sana, así que le contestó:

Historia de un amor imprescindible

HERMOSA: "Querido Arturo Te platico que casi llego tarde a mi trabajo por estar intentando enviarte un correo donde me despedía de ti y te decía que en la noche te escribiría, quizá se cayó el sistema y no pude enviarlo. A las 7 de la noche que tuve tiempo libre, en saludar y comentar se me fue la hora y cuando abrí el correo y no me habías escrito, me sentí triste y me dije, ¿me habrá olvidado tan pronto?, pero me contesté que estabas ocupado y que por la noche tendría algunas líneas tuyas, pero, ¡oh sorpresa! llego y no me has escrito, no importa, sé que me recordaste como yo a ti. No recuerdo si te comenté que me torcí un pie y tuve 2 semanas de incapacidad y hoy cuando llegué, mis alumnos me dijeron que me veía muy contenta, que la felicidad irradia de mi cara, dijeron otros; en fin, a veces no sabía dónde iba la lección y pensaba en ti. No imaginas el gusto que me da que recuerdes tantas cosas del hospital, yo de lo que más me acuerdo es de las tortas que nos comíamos como a las 11 de la noche. Las llevaba una señora de intendencia, y cuando te tocaba guardia, compartíamos esa deliciosa torta. También me acuerdo de un niño que operaste, era un chico que le cayó una piedra en su genital y estaba a punto de perderlo, o lo perdió, en fin..., tantas cosas que vivimos en ese hospital. ¿Te acuerdas de la pediatra Paty Castillejos? Una amiga que me visitaba, delgada y alta, de pelo teñido y claro. Pues murió hace aprox. 20 años, era hermana de una amistad muy querida por la familia. Y tantas cosas más que tengo que contarte, pero no quiero aburrirte. Me gustó enviarte la muñequita porque creo que así es como me recuerdas, estoy igual, solo con unos añitos más. Ya no lloraré cuando lea tus correos, me basta saber que te encontré, aunque ambos tengamos vidas hechas, lo importante está en los sentimientos. Mañana espero recibir tus noticias y que me digas más cosas bellas como las de hoy. Descansa, Dios te bendiga y te cuide".

Su impaciencia crecía a pasos agigantados. Esperaba los correos y algunas veces tardaban algunas horas en llegar. Arturo no estaba acostumbrado a estar al pendiente de la computadora, y a pesar de su trabajo y ocupaciones, le escribía lo más a menudo que le era posible.

Historia de un amor imprescindible

ARTURO: "Ya encontré tus correos..., no problem..., si a veces no escribo es que ando en otras ondas..., mañana en la noche estaré en casa de un amigo viendo el proyecto de una escuela..., pero ya sabes que constantemente pienso en ti. Y esas cosas que me dices del hospital... me dolió mucho que mi maestro el doctor Ravell que más que maestro era como un padre para todos los urólogos que aprendíamos de él..., me ayudó en tu cirugía..., murió a los 72 años allá por el 2004... lástima. Sigue mandando esa muñequita que me imagino eres tú".

Naturalmente hubo muchos correos, pero estos fueron de los primeros que se escribieron por internet. Sin tener la menor idea de cómo se fue dando, renació el amor entre ambos y empezaron a recordar el bello romance que vivieron en su juventud; a las personas que les rodeaban, entre ellos a los maestros de Arturo; las tortas clandestinas que compartían, las pláticas y, en fin, cuando hubo una carta que habló sobre no haber seguido los impulsos de su corazón.

En uno de esos correos, Arturo mencionó un regalo que ella le hiciera en agradecimiento por el éxito de la operación, una corbata, que, según sus palabras casi textuales, la usaba muy a menudo y a causa de ese uso constante, estaba un poco raída, pero a pesar de eso, la besaba todos los días para recordar a quien se la había obsequiado, a pesar del estado tan deteriorado en que actualmente se encontraba. Al respecto se escribieron lo siguiente:

ARTURO: No Bella, tú y yo nacimos el uno para el otro. Tu amistad, el amor que ha existido entre nosotros ha sido un tesoro para mi... todavía tengo la corbata que me regalaste... ya está un poco raída o como se llame, o sea, desgastada..., pero... recordar es vivir...; desde hace dos años ya no la uso..., pero la conservo para besarla y recordarte...".

Este correo la llenó de emoción. Ahora estaba segura de que entre Arturo y ella había renacido el amor.

HERMOSA: "Querido Arturo: "Afortunado tú que tienes algo mío. Yo sólo tengo tus fotos y las tengo en diapositivas. Están en una caja

Historia de un amor imprescindible

guardadas y no las he visto en años, pero tu recuerdo ha estado vivo en mí desde aquel bello día que ambos recordamos. Considero que no hay mejor recuerdo que la mente cuando trae al presente lo vivido en el pasado. Me agrada saber que un objeto te hace recordarme. Te recuerda Bella".

ARTURO: "El año próximo la llevaré a México y el día que te vea me la pondré... Recuerdo que cuando te hice la historia clínica... al preguntarte tu estado civil lloraste pues ya nos habíamos conocido unos días antes al llevarte a Rayos X, creo... lloraste porque ya estabas casada y yo soltero. Tú de 20 y yo de 34... Fui solterón, me casé hasta los 44. Pero no llores, mejor piensa que algún día nos veremos y mientras platicaremos mucho, pero sin angustias ni pensar en cosas tristes. Lo bueno es que estamos vivos y con buena salud... Hasta pronto...".

Hermosa contestó el correo tan pronto como le fue posible. No estaban seguros de lo que se escribían, y a veces se repetían las cosas. Eran tantos los pasajes en común, los recuerdos, las tardes compartiendo las películas por televisión; en fin, empezaron a traer recuerdos a su mente y sintieron que volvían a vivir.

HERMOSA: "Querido Arturo. No he empezado a arreglarme para ir al trabajo porque estaba desayunando y esperando tu respuesta. Tu recuerdo vive en mí y está tan vivo como ambos. Tienes toda la razón, estamos vivos y si tenemos que vivir de un recuerdo, eso haremos. Estoy segura de que el día que nos encontremos nos daremos un gran abrazo que compensará los años que no lo hicimos. Al escribirte me siento como los personajes de la película "La casa del lago", y me gustaría regresar el tiempo, pero eso es imposible, sólo nos queda esperar ese reencuentro que pronto se dará. Sé feliz en la medida de lo posible, y esperemos que el tiempo pase rápidamente. Quizá el deseo de encontrarnos nuevamente lo acorte y tengamos la oportunidad de vernos antes de lo previsto. Tienes nuestro primer encuentro guardado en tus recuerdos y ahora que los haces salir, me da gusto que siempre he vivido en tu memoria, como tú has vivido en mi recuerdo. Quizá te escriba o te lea hasta por la noche, porque entro a mi trabajo

Historia de un amor imprescindible

a las 14.00 Hrs. Y tengo clase corrida hasta las 19.00 Hrs. Llego a casa 10.30 y lo primero que haga será revisar mi correo.

Te deseo lo mejor". BELLA. "

Arturo también estaba feliz de recibir los correos de su amor del pasado. Renacía al amor cada vez que los leía y se sentía cada vez más feliz. Era un hombre muy ocupado, pero ahora se daba tiempo para el amor.

ARTURO:"No problem..., qué muñequita tan adorable esa que está cerca de tu firma o tu despedida...igualita a ti de preciosa...".

Fue una contestación muy breve. A Bella le entusiasmaba leer largos correos, pero éste la llenó de alegría e inmediatamente contestó:

HERMOSA: "Querido Arturo. Estoy tan emocionada, que ahora mis lágrimas son de felicidad, al saber que eres feliz a través de mí y que mis cartas te proporcionan alegría. Me sentía tan sola y triste porque Ericka se acaba de

separar de mí, tiene un mes y medio que se independizó y yo me quedé sola, en mi departamento, y ahora, llegaste como una bendición para llenar mis días de alegría.

Gracias Arturo por haber regresado a mi vida para llenarla de luz. Te escribo después. Pensaré en ti todo el día. BELLA".

Su amor crecía día a día. Se escribían tantos correos platicándose sobre sus actividades diarias y se sentían cada vez más felices y no lo ocultaban.

ARTURO: "Pocas veces he tenido un email tan fabuloso... eres grande Bella..., de cuerpo y alma. Dios ha puesto tan cerca el dolor del gozo..., que a veces se llora de alegría... En ese mismo hospital operé a un abogado del Tribunal Superior de Justicia del D. F., (75 años), un buen día me llegó (un mes después de operado) temblando y casi llorando..., le digo: —¿Se siente mal licenciado?, dice...—¡Qué va...!, al contrario, doctor..., usted me dijo que iba a quedar como nuevo... y, estoy como nuevo... sólo vine a decirle eso. Nunca olvidaré esa actitud...; traía los

ojos humedecidos... casi se le rodaban las lágrimas... Ánimo... Nunca más preocupaciones".

HERMOSA: "Querido Arturo: Desde que nos escribimos, llegando a casa, lo primero que hago es saludar a mi Niño Jesús, y después prender la compu para ver qué me dices. Cuando vi tu proyecto de la escuela, pensé que era una escuela primaria o algo semejante, pero ahora que me dices que es un proyecto para erradicar el hambre en tu pueblo natal, es más interesante todavía. Mi propuesta es, si te puedo ayudar en algo, cuenta conmigo en la medida de lo posible. Me gusta que me endulces el oído con los halagos, son palabras que no escucho porque no permito que nadie se me acerque, por la experiencia que tuve hace 9 años y como tengo un gran escudo como mecanismo de defensa, cuando alguien intenta acercarse, lo rechazo, solo he aceptado un halago de ti, porque siento que sale del corazón, si no, no estarías escribiendo ni tomándome en cuenta. Espero seas sincero y que el recuerdo haya llegado a tu memoria con el entusiasmo que llegó a la mía. Me

acordé de una canción, AMADA AMANTE. ¿Te acuerdas por qué?, yo sí. Te dejo dormir y te escribo mañana. Que tengas lindos sueños y DIOS te bendiga
BELLA.- Sé que tienes muy buena memoria, que la recuerdes y espero me comentes.

ARTURO: "Bella, tu enciendes mi vida, me siento un sol refulgente".

Los correos continuaron y cada vez que alguno de los dos disponía de un poco de tiempo libre le escribía al otro para contarle sobre sus actividades diarias. Entre ellos renació el amor que hubo cuando fueron jóvenes. Ninguno de los dos se imaginaba que ahora, que se escribían, que se habían encontrado, sería tan grato estar en contacto por medio de la tecnología. Se escribían todos los días, tanto por correo como por Facebook, y cuando llegó el cumpleaños de Bella, Arturo fue la primera persona en felicitarla por correo.
Le envió tantas palabras bonitas, que para ella fue impactante escuchar tantos halagos, y a la semana siguiente que llegó el cumpleaños de Arturo, Hermosa le envió sus números

Historia de un amor imprescindible

de teléfono por correo, y ese mismo día, él la llamó, y al escucharlo, fue tal la emoción que rompió en llanto.

[BIP] [BIP] [BIP].
("—Buenas tardes. Por favor con la señora Hermosa Gutiérrez").
("—A sus órdenes. ¿Con quién tengo el gusto?")
("—Arturo Álvarez, servidor").
("—¿Arturo?, ¿de verdad eres Arturo?")
("—Sí. Soy Arturo. ¡Qué gusto volver a escucharte!").
("—Arturo, cuéntame, ¿cómo te ha ido?").
("—Muy bien. Como te comenté, vivo en el norte del país. ¿Y tú?").
("—Estoy bien en lo que cabe, un poco sola. Sigo viviendo en la misma casa. Trabajo como maestra y estoy casi todo el día fuera.").
("—Eso fue lo que me comentaste un día que platicamos por el Facebook, pero dime, ¿me recuerdas con cariño?")
("—Con el mismo que tuvimos hace muchísimos años o no te hubiera buscado").

("-También te recuerdo con ese amor, ese afecto tan desinteresado y puro que te he tenido desde que te conocí).
("—Hace más de 37 años que no sabía nada de ti, sin escuchar tu voz, porque así debió ser, pero ahora que me has llamado, te confieso que el corazón casi se me sale del pecho y quiero desearte muy feliz cumpleaños).
("—Mi mejor regalo eres tú.
("—Gracias por esas lindas palabras.
("—Sólo digo lo que siente mi corazón. desde que te conocí siento que tú has sido mi mejor regalo.
("—Pero... ¿cómo, si sólo fui tu paciente? y luego... bueno, un bonito recuerdo).
("—Pero el mejor recuerdo que tengo de toda mi vida. Eres un sueño hecho realidad).
("—¿Me consideras tu sueño hecho realidad?).
("—Sí... porque estás aquí y ahora... eres mi hermosa realidad, mi regalo viviente, y precisamente hoy, en mi cumpleaños... que bello regalo... tu voz).

Historia de un amor imprescindible

("—Arturo, no imaginas cómo me siento. Estoy llorando de emoción).
("—Te he dicho que nada de lágrimas, ni de emoción).
("—Pero mis lágrimas son de felicidad, por escuchar tu voz, por haberte conocido, encontrado después de tantos años).
("—Imagina cómo me siento yo, 37 años de no escucharte, de no saber de ti... de no verte... y ahora... creo que también voy a llorar...)
("—No, por favor... el llanto es para las mujeres, eso déjalo para mí).
("—Bueno no lloro, dije, casi lloro (y soltó una risa contagiosa)
("—¡Qué alegría escucharte reír!... yo sí, lloro y río al mismo tiempo...
("—No llores, Hermosa. mejor ríe y sé feliz porque nos encontramos y de ahora en adelante... a ser felices.
("—De acuerdo Arturo, a partir de ahora a ser felices. a propósito, Arturo. te deseo iii muy feliz cumpleaños!!! y como lo deseamos... a ser muy felices.

Herlinda Guerrero de la Mora

("—Recuerda... mi mejor regalo eres tú.

Tuvieron que colgar. La felicidad embargaba su corazón y su vida se llenó de ilusiones. Ahora que sabían la importancia que tenían en la vida del otro, al escucharlo de viva voz.

Esto llegó a través del teléfono celular, y de allí en adelante, los correos fueron continuos, en un promedio de 7 diarios que escribía cada uno con sus respectivas respuestas. Se llamaban todos los días, algunas ocasiones hasta tres veces. Era un derroche de felicidad para ambos, que todas las personas que los rodeaban se percataron que algo extraño sucedía en la vida de cada uno.

("—Los años han pasado, querido Arturo.
("—Sí que han pasado. tengo el cabello blanco.
("—Yo no. Sigo siendo la muñeca rubia de la que te enamoraste.
("—Yo, por el contrario, uso lentes y estoy más delgado de cuando nos conocimos.

Historia de un amor imprescindible

("—Me apena, pero yo tengo un poco más de peso, pero no permito que la edad se me note en el cabello. jajaja.
("—También creo que nuestro rostro se ha cubierto de las líneas que deja el tiempo.
("—Yo me siento demasiado joven, porque como te comenté, mi cabello no es blanco y las líneas de expresión las cubro con maquillaje. Recuerda "el corazón no envejece, el cuero es el que se arruga"
("—A ti te perdonará el tiempo, pero a mí no. Considero que no somos la excepción. Pero tienes razón, nuestro corazón es joven y puede enamorarse como hace años.
("—Sí. Mi corazón es como el de hace 40 años. Gracias a una operación exitosa sigue funcionando como de veinteañera.
("—¡Qué bueno que tuviste esa operación! y que gusto saber que estás sana como hace 40 años.
("—Estoy segura de que también te sientes joven, como en aquel entonces.
("—Me ha regresado la juventud desde que nos encontramos por Facebook.

Herlinda Guerrero de la Mora

("—Estaba segura de que algo bueno llegaría de esa búsqueda de la persona que más esperaba encontrar.
("—Y yo me siento muy feliz que me hayas buscado y... que me hayas encontrado....

Se platicaban sobre sus actividades diarias. Él le escribía sobre sus pacientes y sus cirugías, su trabajo literario y altruista y ella sobre su familia, sus alumnos y sus actividades docentes. ambos se escuchaban con entusiasmo, queriendo tener más información de cada uno.

Así continuaron, llamándose, escribiéndose y contándose a detalle sobre sus actividades, lo que provocó que se hicieran dependientes uno del otro, a tal grado que no pasaba un día sin que tuvieran comunicación, y esto les producía un gran placer.

Sus rostros y sus vidas se llenaron de tanta alegría que no lo podían disimular ante las personas que los rodeaban y por tal motivo, tuvieron que comentar con sus amistades y compañeros que estaban viviendo una relación que consideraban definitiva en la vida de cada uno de ellos, debido a los problemas que ambos vivían

Historia de un amor imprescindible

respecto a su vida sentimental. Él en soledad emocional y ella con el sufrimiento de tantos años sobre su espalda y su corazón.

Un poeta, amigo de Arturo, al enterarse del amor tan grande que había renacido en él por esa mujer y a petición del enamorado, lo transcribió para ella. Ambos ignoraban si antes fue dedicado a otra persona, pero en ese momento fue enviado a Hermosa como prueba de amor.

"Te amo tanto, que tan solo al mirarte Quisiera yo llevarte hasta el confín del cielo, y enredado en tu pelo, allá en el infinito
Hundirnos en un grito diciéndonos: 'Te quiero'".

Fue de gran impacto para ella, recibir esta nuestra de amor tan única. Bella correspondía enviando pequeñas rimas y pensamientos que encontraba en los libros. Una que causó alegría al destinatario fue:

"Te amo en 3D:

Despierta, Dormida, Donde sea".

También encontró este pensamiento y consideró conveniente enviarlo para que él sonriera y decirle que constantemente estaba leyendo y buscando párrafos y palabras que la ayudaran a demostrarle cuánto lo amaba.

"Te mando un abrazo por si tienes frío, Una sonrisa por si estás triste, Un ángel para que te cuide y este mensaje para que no te olvides que, Te quiero".

Era tal la ilusión de verlo y abrazarlo, que se fue a nadar para reafirmar los músculos y un viernes, le envió un mensaje diciéndole que no la llamara en hora y media, porque se metería a la piscina y cuando estaba tomando su ducha, la llamó a su teléfono móvil, la felicitó por su constancia en el ejercicio, diciéndole que admiraba su voluntad, y le cantó esta canción un 26 de abril:

Le cantó, "María Elena", el viejo vals que unía las almas.

Bella estaba tan emocionada, porque no recibía una demostración de esta índole desde... mmm... 40 años aproximadamente. En su memoria no tenía dato alguno para relacionar recientemente, así que, al escucharla dedicada a ella, al amor que Arturo le tenía, voló al lugar más alto del cielo. Se sintió entre nubes y estaba segura de haber recuperado la felicidad que se le había negado durante tantos años...

Por su parte, Arturo hacía muchos años que no se sentía tan emocionado y enamorado... sin tener a quién cantarle y con el corazón lleno de ilusiones y ahora pleno de amor por su bello amor del pasado que recientemente venía a llenar su vida de felicidad, como hacía muchísimos años no lo experimentaba.

Bella se sentía tan halagada, que le parecía casi imposible haber escuchado esa canción dedicada a ella y a pesar de la distancia que los separaba, sus corazones estaban tan cerca uno del otro, que no ocultó sus sentimientos y su agradecimiento por la muestra de amor que recibió de ese hombre que tenía tan cerca moralmente y a la vez tan lejos físicamente, a quien tanto había amado en secreto y que ahora podía hacerlo sin ataduras, esperando ser correspondida.

En uno de tantos días, Arturo le dijo que era su "Amante a la antigua", porque se sentía un romántico y sobre todo que deseaba ardientemente estar entre los brazos de su amada.

"Ahora que nos hemos escrito con frecuencia, y me dices que escuchas la

música que nos gustaba, del gran Roberto Carlos, recuerdo que hay una canción que mencionaste y considero que va con mi manera de amarte, quiero ser tu "Amante a la antigua", porque así me considero, moderno, no soy en ningún aspecto..."

Desde ese día, al despedirse, ella decía ser su amada amante y el afirmaba ser su amante a la antigua.

Arturo pertenecía a una asociación de músicos, poetas, escritores y literatos que se reunían cada fin de semana para intercambiar impresiones y presentar avances de su trabajo realizado o simplemente para cantar y pasar una noche bohemia. La mayoría de los miembros notó un cambio en su actitud, pero sólo los amigos más cercanos se atrevieron a preguntarle el motivo.

Él sólo se limitaba a sonreír y cuando comentaban que estaba enamorado, su sonrisa se acentuaba y daba a entender que sí, a eso se debía su cambio de carácter.

Los correos continuaban y las frases de amor, canciones y poesías incrementaban el enamoramiento y Arturo recibió con mucho agrado los pensamientos que su amada le escribía; y nuevamente,

Historia de un amor imprescindible

ahora con más libertad que la vez anterior, pidió a su amigo el poeta, algunos versos para enviárselos. Esto fue un 25 de abril.

YO QUIERO SER EL TIEMPO

**Déjame ser el tiempo
que camina a tu lado
paso a paso, sin prisa,
viviendo enamorado,
escuchando tu risa.**

**Quiero ser de tu historia
el presente y pasado,
disfrutar de la gloria
de estar ilusionado.**

**Despertar cada día,
como siempre he soñado
con la gran alegría
de mesar con mis manos
tu cabello dorado.**

**Y es que estar en tus brazos,
para mí es tan bonito,
que sólo es comparable,
con los hermosos trazos,
que con sabiduría
nuestro padre Jesús
plasmó en el infinito.**

Herlinda Guerrero de la Mora

**Rutina que no cansa
y ante la incertidumbre
yo tengo la esperanza
que la luz de tus ojos
para siempre me alumbre.**

**Y como patrimonio
nuestra felicidad
sea el más fiel testimonio
de un amor de verdad.**

A.G.O

Hermosa leyó este poema, tan tierno, cálido y escrito por un hombre enamorado. Imaginó que el mismo Arturo lo declamaba para ella. Cerró los ojos y sintió su respiración junto a su cuello y al escucharlo, sin poder contenerse, dos lágrimas rodaron por sus mejillas.

Era una mujer enamorada del amor. No comprendía del todo ese cambio emocional que se estaba gestando dentro de su cerebro, que le producía placer, encanto, dulzura y a la vez tristeza.

Sí, tristeza porque sintiéndose tan enamorada, estaba muy lejos del ser amado. Sabía que era correspondida, porque un amor como el de ellos no se

Historia de un amor imprescindible

puede fingir ni ocultar, lo que ocurría en el caso de ambos.

Todo lo que se decían, se cantaban, se escribían salía de lo más profundo de su corazón y el único deseo que tenían era agradar al otro, sentirlo cerca, aunque fuera a través del ciberespacio.

Cuando Hermosa estaba en su casa y recibía estas muestras de cariño, era tal su euforia que cantaba, bailaba, gritaba y en ocasiones hasta lloraba de alegría por sentirse protagonista de este bello y sincero amor.

A Hermosa le gustaba la lectura desde joven y ahora ya adulta y enamorada, retomó con más gusto sus libros, sobre todo de poesía para encontrar pensamientos que pudieran expresar sus sentimientos renacidos al haber encontrado a quien ella consideraba un gran amor y por qué no, pensaba, al amor de su vida.

Así que, tratando de corresponder a esos bellos poemas, sólo le escribía pequeños pensamientos que seleccionaba de algún libro o le llegaban por Facebook.

Te quiero para volvernos locos de risa, ebrios de nada y pasear sin prisa por las calles, eso sí, tomados de la mano mejor dicho... del corazón.

Herlinda Guerrero de la Mora

Mario Benedetti
Envió este bello pensamiento de Benedetti a la vez que recibía el siguiente poema y lo leyó con más calma, todavía sintiendo la presencia de su amado frente a ella. Estaba tan enamorada, su corazón palpitaba cuando lo imaginaba tomándola de las manos, besándolas suavemente y mirándola a los ojos, a la vez que le decía:

AL AMOR DE MIS SUEÑOS.

**Sería motivo de gozo
vivir en el paraíso
siendo tan sólo un mortal.**

**A lo que es equiparable
disfrutar tu compañía
que es presencia celestial.**

**El estar siempre contigo
contemplando tu belleza
para mí, sería genial.**

**De amor viviría extasiado
con la luz de tu mirada
y tu risa angelical.**

Las horas serían minutos

Historia de un amor imprescindible

**y los minutos segundos
en los que te podría dar.**

**Mi vida, ya que a tu lado
tan sólo sería un instante
suficiente para amar.**

**Mas el tiempo no perdona
y con los pies en la tierra
sé que tengo que aceptar.**

**Que debo admirar la estrella
la que con radiante luz
mi camino ha de alumbrar.**

**Soñaré siempre despierto,
con que a un amor como al tuyo
el mío pueda consagrar.**

**En el que los dos felices
compartiendo un mismo sueño
tenga un bello despertar.**

A. G. O.

Cuando llegó al tercer poema, estaba tan emocionada, que no podía creer que una mujer pudiera despertar tales sentimientos en un hombre y, ahora, ella había provocado el deseo en Arturo de decirle por medio de la poesía lo que significaba para él y qué importante se había convertido en su vida y de qué manera le demostraba sus sentimientos.

    Se convenció que esas palabras sólo podían salir de un corazón profundamente enamorado y dedicado a ese bello amor a quien se entrega todo sin esperar nada a cambio. Un amor puro, sano, renacido de las cenizas como el ave fénix, amor que se entrega incondicionalmente.

HOY TENGO QUE AGRADECER.

**Hoy: Día de la Candelaria
le tengo que agradecer
no sé si a Dios o al destino
que me enviara un bello ser.**

**Con la hermosura de un ángel
que convertida en mujer
le dio sentido a mi vida
haciéndola renacer.**

**Dios te puso en mi camino
en aquel amanecer
para darme mil razones
de en su grandeza creer.**

**Disfrutemos nuestro amor
con sentimiento profundo**

Historia de un amor imprescindible

**sabiendo que entre tú y yo
es lo más bello del mundo.**

**Quiero caminar mis pasos
con tu dulce compañía
para que vayan unidas
siempre tu alma y la mía.**

A.G.O.

Uno de los integrantes del grupo, amigo suyo, poeta y romántico, A.G.O., sugirió que dijera a su amada que eran poemas escritos por él pensando en ella. Por supuesto Arturo no aceptó esa propuesta y contestó que estaba seguro de que a Bella le agradarían por estar escritos al amor, sin importar a quien.

Al enviárselos sólo quiso alagarla diciéndole que en este momento estaban dedicados al gran amor que existía entre ambos. Escribirse poesías y cantarse canciones por teléfono fue haciéndose rutinario en la vida de ambos.

Al día siguiente, en la primera llamada que Hermosa hizo a Arturo, le cantó un párrafo de la canción "Urge".

HERMOSA:"Querido Arturo Esa canción que te acabo de cantar estuvo muy

atinada hoy. Hace tiempo que no me cantas por teléfono, algo de las muchas cosas que me gustan de ti es que eres muy romántico. O será que nunca había tenido un enamorado, por eso no he vivido un romance como el que tenemos ahora, mi amor. Recuerdo que me dijiste que mañana irás a la televisión a una entrevista médica a exponer algunos de tus casos clínicos. Si es afirmativo, por favor, no vayas a tener alguna cohibición.

Estoy segura de que eres una persona que no se apena de hablar en público, o si sientes algo de nervio, piensa que yo te miro, ve mi cara, pero la sonriente, como las del Facebook que son las que has visto, no todas están muy bonitas, pero, así soy, como me ves, sólo que ahora me arreglo más, tengo una ilusión, y en el momento de las fotos, nada me interesaba, sólo vivía por vivir. Ahora tengo en quién pensar y a quién amar.

("Urge, una persona que me tome entre sus brazos, y ya la encontré).

¿Te acuerdas de los amantes a la antigua? Me gusta contemplar las madrugadas gozando entre los brazos de mi amada. Tenemos canciones que nos hablan de la necesidad de amar y ser amados. DIOS te cuide mi amor. Te escribo mañana. Que pases buenas noches, amor mío".

ARTURO: "Amada mía... Me siento bien para mañana..., deseo expresar cosas que puedan ayudar a la comunidad... no problem, preciosidad de mujer... duerme bien y tranquilamente... Sueña conmigo...".

HERMOSA: "Querido Arturo Ya sabes que sueño contigo despierta y dormida, siempre estás a mi lado, y no sé si cuando ya se dé lo de nuestro encuentro, pueda decirte todas las cosas que te escribo o sólo me quede mirándote y me dedique a besarte. Esperaremos a ver qué pasa mi amor".

ARTURO: "Amada amante... Tú eres mi inspiración... mi deseo de vivir... mi razón de todo... si tengo una presión, pero es positiva... de ser más, de ser mejor... de gozar mejor de la vida... es que eres... d i v i n a...

"TU AMANTE A LA ANTIGUA...".

HERMOSA: "Querido Arturo. Mi amor. Antes que nada, me da mucho gusto que hayas estado muy tranquilo ayer en el programa de televisión. Sé que eres un gran profesionista y médico, y me hubiera sentido muy orgullosa de acompañarte y darte la seguridad (si es que te faltó en algún momento) con mi compañía, mirarte y en cada suspiro de mi corazón decirte cuánto te amo. Si supieras cuánto sueño con que ese día llegue, eres mi sueño eterno, siempre pienso en ti y en el día que podamos vernos nuevamente. Te amo y siempre te he deseado lo mejor. Buenas noches y sueña con tu amada Bella".

ARTURO: "Buenas noches preciosa... también eres mi sueño eterno, constante, el motor que me impulsa a vivir... y buscar salud física y mental para poder atenderte... algún día te veré nuevamente de cuerpo entero... y de alma total... toda tú...".

Como fue haciéndose costumbre, Bella, al despertar prendía la computadora para saludar a Arturo. Le escribía saludos, deseos de buenos días y entre tomar un café, algo de fruta y un ligero almuerzo, así como su acostumbrada ducha matutina, ese día

Historia de un amor imprescindible

desde las 6.22 a.m. hasta casi las 11.00 a.m. estuvieron escribiéndose.

HERMOSA: "Querido Arturo. Mi amor, buenos días. Pienso que ayer escribí una sarta de tonterías. El amor es confianza, fe, paz, y es lo que siento a tu lado, sé que tengo que esperar a que tu situación sea diferente y podamos vernos y planear nuestra vida. Si he vivido sin ti tantos años... llevo tanto tiempo viviendo sola, y ahora que te tengo, los días se me hacen eternos, sobre todo los fines de semana en que no salgo, sólo pienso en ti. Por eso desearía que el tiempo volara... Pero no hay mal que dure 100 años ni enfermo que los resista".

Las conversaciones por medio del correo los absorbía de tal manera, que olvidaban sus obligaciones cotidianas y que tenían deberes y horarios que cubrir.

Se platicaban cosas que recordaban de su juventud, pasajes y acontecimientos en la vida de cada uno que consideraban debían compartir con el otro.

Entre estas charlas, Arturo comentó sobre algunas aventuras amorosas que había tenido, lo que notablemente molestó a

Herlinda Guerrero de la Mora

Hermosa, que no había vivido este tipo de experiencias y así se lo hizo notar.

ARTURO:"Espera un poco un poquito más... como dice José José, ahorita estoy preparando mi viaje... espero el patrocinio del presidente municipal... voy a destacar como promotor social... y también aquí ya está la oficina lista para emplearse sin costo ni renta, luz, etc. Ahora solo esperamos que retorne un amigo de mi ciudad natal. Va a ir la embajadora de Argentina en México... mi trabajo de investigación se reanudará en el IPN y tengo mucha fe que va a ser un hit... y mi libro ya lo está revisando un corrector de estilo, pero ahorita está ocupado en aquella ciudad. En fin, mi amor, yo no he tenido a nadie desde el 2008, si he salido a comer, tomar la copa de vino... grandes amigas sin que haya habido nada..., pero, además, esa amistad desde el 7 de marzo ya la siento muy débil con esa dama..., porque contigo lo tengo todo".

HERMOSA:"Querido Arturo. Amoooorrrr Ya no menciones nada de mujeres. ¿No ves que me hieres? Sin estar a tu lado, me siento impotente, si estuviera contigo, tendría armas para defenderme, ahora sólo tengo el internet, y si sales con alguien o saliste, por favor, ya no lo menciones, comprende que una mujer enamorada es muuuuuuuuy celosa, y yo te amo, te amo y deseo estar contigo, junto a ti, para cuidarnos siempre amarnos, defendernos, compartir la vida, nuestras cosas, comer juntos, pasear, dormir abrazaditos, bien acurrucados, bailar, sentirme orgullosa de tu brazo, que te sientas orgulloso de ser el dueño de esta gran mujer como soy, por favor, amor, acelera las cosas, te amo y te necesito. ¿Qué más puedes pedir? Tenerme a tu lado, es lo único que nos falta, estar juntos, y que se dé lo que hemos esperado desde que nos encontramos".

ARTURO: "Mi amor santo me alegran mucho tus palabras... Volveré a llamarte".

HERMOSA: "Querido Arturo En los correos que te he enviado nombré muchas cosas de las que está formado el amor, como la fe, la paciencia, etc., pero creo que omití la confianza, y sí, mi amor, confío en ti, porque si no confiara en ti, no tendría sentido continuar. Sé que tenemos que esperar, pero comprende el que espera desespera. Te amo tanto, tanto, que los días me parecen eternos, no sé cuándo podamos vernos y compartir algunos momentos para definir nuestra vida futura".

ARTURO: "Gracias... eres un encanto de mujer...

HERMOSA:"Querido Arturo Todo se nos dará cuando sea su momento. Ya vamos en el camino de encontrarnos."

ARTURO: "Sí mi amor, estoy consciente de ello, y si no nos vemos en junio, pues será en otro momento, como te he dicho "El que espera, desespera" y es que tengo tantas ganas verte y abrazarte, que por eso es la impaciencia. Gracias mi reina... ya me tienes en otro estado de ánimo muy diferente... ¡Súper!"

HERMOSA:"Querido Arturo, eso me llena de alegría, que las cosas vuelvan a la normalidad. También me da

emoción saber que estás conmigo a través del correo y el teléfono. Lo malo que tendremos que esperar más tiempo para vernos, ya ves que has tenido problemas en casa por tanto tiempo que me dedicas. Pero, espero que todo se solucione y pronto se de nuestro encuentro. TQMMMM".

ARTURO: Los años 70s fueron fabulosos por ti... y ahora en este año me has traído una suerte increíble... ya desde hoy te escribiré con calma y te hablaré por la mañana... recuerda que nadie como tú..., por ti vivo y sin ti me muero...".

En esos días, Bella estaba preparando su maleta para reunirse con Arturo. Hacía algunas compras y seleccionaba la ropa que usaría. Arturo tenía planes para ir a su tierra natal y Bella lo alcanzaría para juntos realizar las visitas programadas con el gobernador, las asociaciones que donarían el terreno para la escuela, los empresarios patrocinadores y Bella se presentaría como coordinadora del proyecto escolar ante las autoridades del estado.

Preparaba algunas palabras que diría en la audiencia, un sencillo y emotivo

discurso cuando se presentara el momento oportuno, pero de repente, cuando ya tenían la cita preparada, Arturo fue sorprendido por su mujer, en el momento que Bella estaba escribiéndole y se ha dado tal dificultad, que inclusive Arturo estuvo a punto de perder la vida a causa de las amenazas y los golpes que Griselda le proporcionó. Al darle un fuerte empujón, cayó y se golpeó la cabeza. Se asustaron tanto y él logró calmarla con la promesa de dejar esa plática y a esa mujer con quien lo sorprendió.
Arturo estaba en un callejón sin salida. Su vida peligraba por las amenazas recibidas por parte de la madre de sus hijos y tuvo que escribirle tantas mentiras a Bella para poder convencer a su agresora que fue un romance pasajero, que se sentía como un traidor ante el amor de su vida, pero en el fondo de su corazón esperó que su amada comprendiera que eran mentiras y que sólo lo hacía para salvar su integridad física.

Con el corazón destrozado, le escribió esta nota:

"Perdona, pero creo que cometimos un error... espero que te olvides de mí y que ya no me escribas... estamos muy

Historia de un amor imprescindible

lejos para que algo pueda funcionar entre nosotros. Adiós ..."

Al leer este correo, Bella soltó el llanto. No podía asimilar lo que acababa de leer. Estaba segura de que no eran palabras de Arturo. Algo muy fuerte y delicado, lo obligó a escribir eso. Soltó un grito de dolor tan fuerte que su hija alcanzó a escuchar e inmediatamente entró a casa de su mamá.

—Madre, ¿qué te pasa? ¿por qué lloras?
—Arturo me escribió diciendo que todo ha terminado.
—¿Y le crees?
—Sí porque es determinante. Me pide que olvide todo.
—Tranquilízate mamá. No vale la pena llorar por quien no sabe defender un amor como el que te ha declarado tantas veces.
—Tienes razón, mija. Esa no es la forma en que Arturo se dirige a mí. Algo debe haber pasado.
—Si de verdad te ama, verás cómo te escribe dando alguna explicación.
—Entonces, ¿aconsejas que espere una explicación?

—¡Claro que sí! cálmate, y pronto recibirás una agradable sorpresa.

Ericka la abrazó con mucho cariño tratando de calmarla. Hermosa estaba muy triste y sufría demasiado por esa despedida tan inesperada y falta de sinceridad. Nuevamente se repitió que en verdad estaba convencida que esas no eran las palabras de Arturo y que se vio obligado a escribirlas. Ignoraba lo ocurrido para que Arturo le hubiera escrito esas palabras tan cortantes e hirientes. Sólo esperó unos días hasta que recibió una nueva nota.

Mi amor... las cosas ya se iban a dar, pero un descuido mío, una distracción... y en ese momento no pude enfrentar las cosas por las circunstancias que me rodean..., pero tienes que ver que estuvimos en el ya merito... no pierdas la fe... yo estoy haciendo lo posible...

La respuesta de Hermosa no se hizo esperar. Sin recibir explicación alguna, sin una llamada telefónica, sólo ese correo tan breve. le contestó:

Historia de un amor imprescindible

HERMOSA: "No hay problema. Dios te bendiga y te cuide. Adiós".

Pasaron casi dos meses y Arturo volvió a escribir.

ARTURO:"Ya estamos de gane mi amor... como te mencioné volveremos a escribirnos como antes y te hablaré... tú eres mi todo..., ¿qué más puedo pedir?"

HERMOSA"Querido Arturo. Considero que lo que te falta es tenerme a tu lado, porque si con eso eres feliz, yo también espero que llegue ese momento. Luchemos por nuestro pronto reencuentro y veremos qué sigue. ¿Ok?"

HERMOSA:"Querido Arturo. "No me gusta que estés triste. Voy a platicarte una anécdota —chiste—, a ver si me acuerdo. No me gusta que estés triste: Va un señor con el Urólogo. El especialista extiende la orden para que le realicen unos exámenes. Cuando le entregan al paciente los resultados y llega a su casa ve las letras S.S.P.M. y deduce que es "sano sanote, puro machote," y así lo pregona con sus

amigos. Al día siguiente regresa con el Urólogo porque no funcionó con las mujeres, le reclama que no pudo nada de nada y el médico le dice: No señor, eso no es. Esto quiere decir: "Sólo Sirve Para Mear". Si te provoqué una sonrisa, qué bueno. Yo sí te quiero S.S.P.M. ¿ok?".

Al recibir este correo, en la cara de Arturo se dibujó una gran sonrisa. Hacía tanto tiempo que no se sentía tan vivo, amado y comprendido. No estaba equivocado. Hermosa era la mujer de su vida, lo hacía sonreír y olvidar un poco su tediosa vida y así se lo hizo saber.

ARTURO: "¡Qué maravilla que así me quieras!... Entonces ya lo tengo hecho..., claro que ahorita (aunque sea sólo de recordarte) tú me has regresado el ánimo para volver a amarnos como lo hicimos cuando fuimos jóvenes, pero en algún momento... por edad se tendrá que acabar y si me dices esto ya esta mañana y esta semana me la haces inmensamente feliz. Gracias mil mi amor."

HERMOSA: "Querido Arturo. Me alegra tanto saber que te hago feliz, y cuando

ya no se pueda físicamente, hay alternativas. Haremos la elección del método o los métodos adecuados cuando se llegue el momento. Sabemos que todo por servir se acaba. Ya sabes que por internet llega de todo, y también las amigas dan consejos de lo que les ha funcionado. Por eso no hay problema, tenemos que disfrutar el momento cuando se presente".

ARTURO: "Sí mi amor. Qué bonito hablas. Me voy porque no he recogido ni la ropa de la tintorería, ni me he rasurado ni bañado... no vaya a salir paciente y tengo que hacer lo que me dice mi secretaria... "Véngase como está porque el paciente ya se quiere ir". Además, me voy porque tengo que revisar dos pacientes operados de circuncisión"

Ya por la noche se escribieron con más calma. Ambos pasaron muy buen día recordando las palabras que se habían escrito durante toda la mañana, donde hubo de todo, buenos deseos, poesías, canciones, besos y abrazos, hasta que ambos tuvieron que dedicarse a sus obligaciones rutinarias.

HERMOSA: "Querido Arturo Mi amor, muy buenas noches. No imaginas el día tan feliz que pasé sabiendo que ya nos vamos a escribir y a hablar como antes. También por saber que no has dejado de amarme ni un día, que piensas en mí siempre y por haber platicado contigo toda la mañana. Estuve repitiéndome tus palabras constantemente. Releí tus correos y te envié "n" besos, un mensaje por celular; en fin, platiqué de ti con Karina, ¡ah!, que, por cierto, me dijo que vio a la Dra. Investigadora, pero que están muy ocupados porque estamos terminando el semestre y tienen trabajo que evaluar, subir calificaciones a internet, en fin... yo termino mañana y estaré escribiéndote seguido. No me canso de platicar de lo mucho que nos amamos".

Otro día, entre tantos correos que se escribían, Arturo no lo podía creer y estaba muy contento de haber reanudado su relación con la mujer que tanto amaba y le envió el siguiente:

ARTURO: "¿Sabes cómo se dice en inglés "pareja ideal?. "A match made in heaven...".

Historia de un amor imprescindible

Esto demostraba la importancia que ella tenía en la vida de su amado. Sabía que su amor era correspondido y le agradaba sobremanera que él lo considerara su pareja ideal.

Hermosa buscó en diccionarios la traducción porque le sonó a "cerillos hechos en el cielo", y también "hacer juego con el cielo" y al siguiente día le contestó que estaba en un error.

No tenía la seguridad ni con quién consultar por el momento, el caso era escribir y dialogar con él y encontrar cuál de los dos tenía la razón.

HERMOSA: "Querido Arturo. Amor mío. En un correo escribiste una frase: "match made in heaven", y ese match, es pareja, pero de zapatos, o de otra cosa, la buscamos en el diccionario de mi profesor, y así apareció, no pareja como nosotros, debe ser "couple made in heaven", traducida: "pareja hecha en el cielo", y sí, tienes razón, somos la pareja hecha en el cielo, porque Dios nos bendice desde el cielo, donde se encuentran nuestras mamis. Imagino que ellas, al ver que nos encontramos, rogaron a Dios que nos permitiera estar juntos, y también van a intervenir para

que muy pronto podamos vernos y amarnos. Te envío mil besos. 7 besos más que el domingo, desde que no te había enviado cartas. A ver si aguantas todos esos besos que te estoy guardando y te haré que me los devuelvas, ¿sí? o si quieres los guardas en tu corazón y me das los que tengas acumulados desde que nos estamos escribiendo. Esto va a ser un intercambio de amor, que no lo imagino, veremos cómo se nos da".

El amor que se profesaban era evidente. Los correos, las llamadas telefónicas, las palabras de amor, las canciones, las poesías, en fin... Todo su cuerpo resplandecía por ese sentimiento que los embargaba de felicidad al sentirse correspondidos.

ARTURO:"Mi reina..., un amigo que maneja muy bien el idioma de Shakespeare me comentó que así se dice... y confió en sus conocimientos porque ha viajado y él fue quien la tradujo para mí cuando le dije que tengo un ángel que me mandaron del cielo... y ese ángel eres tú... mi Bella, mi Hermosa...".

Historia de un amor imprescindible

Esta respuesta la dejó dudando sobre la traducción y si ya un hablante de la lengua inglesa lo había confirmado, la convenció.

Una prueba más de que estaba enamorado era la de decir a un amigo que tenía un ángel que le mandaron del cielo. Para ella esta analogía era el máximo halago que había recibido… compararla con un ángel y ponerle su nombre, era algo que en verdad ella no esperaba.

HERMOSA:"Querido Arturo. Realmente no lo sé. Podría ser ideal couple, pero preguntaré a mi profesor, (que está de muy buen ver), porque "a match made in heaven" es una pareja hecha en el cielo, y si, tienes razón, eso somos, porque Dios Nuestro Señor nos permitió reencontrarnos después de casi 37 años, y eso, viene del cielo, a donde espero ir cuando nos veamos, porque he escuchado que dicen "Te llevaré al cielo", y supongo que se refiere a amarse hasta el éxtasis. eso de ir al cielo…Mmm… no sé hasta cuando se nos pueda dar lo de encontrarnos y poder ir al cielo. Ojalá no sea hasta que estemos en la otra vida y nos reunamos allá, donde ya no tengamos cuerpos que

besar ni qué amar. Sabes que te extraño. Bella".

ARTURO: "Ok mi reina... mi "match made in heaven". No sufras, no desesperes... sé feliz de habernos encontrado como yo lo estoy... repito que diariamente hago algo para que sé de nuestro encuentro, pero con ánimo... no desesperar...".

Para bella, el sólo pensar que había alguien que, a la distancia, muy lejos de donde se encontraba siempre pensaba en ella, ese hombre que de jóvenes le había declarado su amor, considerándola la mujer de su vida, ahora estaba nuevamente en sus pensamientos. Así que le escribió lo siguiente:

HERMOSA: "Querido Arturo. En Facebook publiqué un letrero que me encontré que dice:

"ME VOY PARA SER FELIZ. NO SÉ CUÁNDO VUELVA"

He recibido más de 15 felicitaciones que me dicen más o menos: "Hasta que te decidiste", o, "Que te vaya bien". "Goza esa felicidad", "Ojalá sea con quien

amas" y, cosas por el estilo. Lo malo es que no puedo decir a dónde ni con quién. Respecto al video, aunque no escuches la música, míralo, tendremos la oportunidad de verlo juntos. Dime si quieres que lleve mi laptop, o mejor no, nos olvidaremos de ella, sólo la uso para escribirte, dejaré el Facebook por unos días. Te deseo lo mejor. Bella".

ARTURO: "Eres buena escritora, porque está bien lo que se llama "la narrativa", que consiste en no dar explicaciones a lo largo de tu relato...; es decir, dices que te vas, pero no explicas con quién ni a donde, eso es la narrativa, no dar explicaciones a lo que relatas... ¡Tienes en suspenso a tus lectores y muy atentos! Ahora que estoy haciendo mi libro me explicaban qué es la narrativa"

Así entre correos, llamadas y mensajes telefónicos iban pasando los días para esta feliz pareja que cada día se amaba más. Bella trabajaba con interés para reunir más dinero y poder encontrarse con su amado cuando él pudiera alejarse de sus obligaciones diarias y cotidianas y él pensando en el poco tiempo que faltaba para tenerla en sus brazos.

Por esos días fue el día de las madres y el cumpleaños de la hija de Arturo, quien fue a visitar a sus padres, solicitando un permiso en su trabajo y por este motivo dejaron de escribirse por unos cuantos días con la frecuencia acostumbrada, temiendo que, si su hija se enteraba que su papá, a sus años, tenía un romance tan real y era tan feliz, pudiera ocasionarle más problemas de los que ya tenía.

Hermosa:"Querido Arturo. Me da gusto que hoy estés con tu hija en su cumpleaños. Sé que no puedes decírselo, pero dale un gran abrazo y un tierno beso de mi parte, o si puedes dile que se lo envía alguien que la quiere sin conocerla, o si esto no es posible, al menos envíaselos desde tu pensamiento. ¡Qué alegría que tengas a personas que te amamos como tu hija y yo!"

Arturo.- "Efectivamente... son tres mis grandes amores y por los que lucharé con mucho entusiasmo... porque me han hecho feliz mi paso por la vida".

Estando la hija de Arturo con sus papás en aquella ciudad fronteriza donde

Historia de un amor imprescindible

vivían, por alguna razón les llevó una medalla de origen desconocido, y Arturo, a sabiendas que Hermosa era una persona que frecuentaba la iglesia, le envió la imagen en espera que ella pudiera decirle el nombre y origen de la medalla.

HERMOSA: "Querido Arturo, Corazón mío. Estas imágenes que me hiciste el favor de enviarme son de una Virgen María llamada "VIRGEN DE LA MEDALLA MILAGROSA" Y se venera en la iglesia de la colonia vecina, hoy iré a misa a esa iglesia, porque deseo estar en casa todo el día. Anoche me desvelé viendo una película llamada "Búsqueda implacable" sobre el secuestro de una chica de 17 años y el final me hizo llorar al ver el amor y la tenacidad de su papá, y me dije: Así somos los padres y las madres, hacemos hasta lo imposible por la felicidad y el bienestar de nuestros hijos. Disfruta mucho este día. Abrázala y dile que la amas, aunque ella lo sabe, pero le halagará que le digas cuánto y lo mucho que la admiras. Recuérdale lo orgulloso que estás de ella, para que ahora que regrese a sus actividades cotidianas, te recuerde con más cariño que el que siempre te ha

tenido por ser un padre ejemplar. ¡AH! y por favor, no olvides felicitarla de mi parte, aunque sólo sea desde tu corazón. Te envío N. besos, ¡ESA N ES UNA CLAVE!... y sabes que siempre pienso en ti. Bella"

Al mirar la imagen de la santísima virgen de la medalla milagrosa, Bella recordó lo mucho que había llorado a los pies de su imagen rogándole por el bienestar de su familia, principalmente de sus hijas y si era posible, ella tener una ilusión en la vida, algo o alguien por quién vivir y ahora que Arturo estaba en su vida, pensó que, en verdad, estaba retomando el rumbo y su monotonía cambiaría para bien. Esto fue lo que Arturo le contestó:

ARTURO: "Mi amor, así lo hare y que bonito terminar tu correo con esa muñequita..."

Así se despidieron por ese día. Cada uno se fue a continuar con ese sueño hecho realidad... Tenerse uno al otro incondicionalmente, sin exigir nada, sólo enviándose lo que cada uno sentía por el otro... amor y admiración.

Historia de un amor imprescindible

**HERMOSA "...si tenemos 2 ojos, 2 manos, 2 riñones, etc... ¿Porqué tenemos un sólo corazón? Porque nuestra misión es encontrar al otro.
Esto me hizo pensar por qué he podido vivir sin un riñón, pero no podré sobrevivir de ahora en adelante con un sólo corazón. Necesito un donante para poder seguir viviendo...".**

Este tipo de pensamientos sólo podían salir de una persona sumamente enamorada como ahora lo estaba Bella. Arturo, por su parte, no se quedaba atrás.

ARTURO "¿Te has vuelto poetisa?... ¡Todo eso te hace una diosa!...

HERMOSA:"Querido Arturo, ¿Poetisa yo? Me parece que exageras un poco. Sólo expreso lo que pienso. Buenas noches, amor mío. Que descanses. Sueña conmigo".

ARTURO: "Cuando duermo sin ti...contigo sueño... Cuando sueño contigo duermo con todas... Es un enunciado que me hicieron los amigos poetas para ti...".

HERMOSA:"Querido Arturo. No entendí... ¿Cómo "Duermo con todas"? ¿Quiénes son todas? Recuerda que te dije que soy muy celosa y desde que eres mío ya no permito que tengas a nadie ni en tus pensamientos. ¿No sentirías celos si te dijera que duermo con "alguien"? Espero una aclaración jajaja. " A ver, a ver, un poco más despacio".

ARTURO: "De acuerdo... recuerda que me los hacen para ti... el grupo de poetas... comprendí que te iba a encelar... pero pierde cuidado... no es que sea mujeriego, lo que pasa que soy fiel a ti... sencillamente porque no hay nadie que se compare contigo".

HERMOSA:"Querido Arturo. Hahn!!! ¿conque eres mujeriego?, ¡lo supuse! ¿Por qué me dices: "No es que no sea mujeriego..." y yo que pensé que ya soy la única en tu vida, más bien pienso que me hice bolas al contestar... Jajaja, ¿y sabes que te amo mil?"

ARTURO:"Te lo digo... hay mujeres interesantes con cualidades físicas y morales..., pero la que considero en segundo lugar está muy lejos de la primera... no comparar...".

HERMOSA:"Querido Arturo. No te entiendo. Puede que yo sea de lento aprendizaje, pero no te entiendo. A ver, ¿quién está en primer lugar y quién en segundo? Recuerda que dijimos que tu hija es la primera mujer en quien tienes que pensar, y si la segunda soy yo, ah, bueno, así sí. Pero quedamos que nuestras hijas e hijo tienen su primerísimo lugar, y jamás los compararemos con nadie, ellos son aparte de todo. Por eso, o no entiendo, o no eres explícito en tus explicaciones. Mejor así se queda. Sueña sólo conmigo. y duerme solo ¿sale? TQM".

ARTURO:"Así no se puede ser mujeriego.. no hay competencia. Eres mi Bella genio...Estoy perdidamente enamorado de ti..."

HERMOSA:"Querido Arturo "Si, lo sé, sólo que estoy sola, y al ver que hay amor en la televisión, cerca de mí, con mi hija Ericka y su pretendiente, Eneida con su familia, y yo con mi amado a cientos de kilómetros ¿Qué crees que

siento? Estos meses desde que nos encontramos me han parecido tres años, (de acuerdo con la relatividad de Einstein) Si nuestro destino es estar juntos, estoy segura de que ilas oportunidades se presentarán! TQM".

Con estas explicaciones se quedaron ambos. Estaban seguros de que algo de lo que escribían era sólo para estar unidos por el ciberespacio. Algunas ocasiones escribían sólo cosas sin importancia. Lo importante era estar en contacto. Se amaban demasiado.

ARTURO:Llegará el momento mi amor... no desesperes... por ir de prisa nos pasan cosas... obstáculos".

HERMOSA:"Querido Arturo. "Cariño mío. Acabo de ver el final de una película que terminó donde los protagonistas se dieron un apasionado beso que esperaron durante más de dos años y pensé:..."Dichosos los que tienen quién los bese". Sé que tenemos que esperar... poco a poco... y mi más grande anhelo y mi sueño es volver a verte... casi a diario sueño contigo,

Historia de un amor imprescindible

dormida, despierta y donde sea. Recuerda... en 3D

ARTURO: Si sueñas conmigo, es porque pienso en ti. Y eso me transforma hacia lo máximo. Hacia el éxtasis del amor... del amor que siento por ti... mi reina...".

Arturo también estaba solo, vivía pensando en el amor que ese ángel le prodigaba. Estaba esperando la oportunidad de verla y poder demostrarle cuánto la amaba y las palabras que le escribía las consideraba insuficientes. Ella también lo deseaba.

HERMOSA:"Querido Arturo, Hola mi amor. Estoy viendo la película "La máscara del Zorro" y hay una escena donde el protagonista dice: "Tu hija debió ser mía". Y pensé: Mis hijas debieron ser tuyas y tus hijos de ambos, tendríamos 4 hijos en total, pero después me dije: No... Dios no se equivoca. Mis hijas tienen a su padre y tus hijos a su madre, como debe ser.

Nuestro destino no era estar juntos desde nuestra juventud, y ahora, que han pasado los años, quizá esté escrito

que debamos pasar nuestros últimos años juntos, y no como lo deseábamos en nuestra juventud, como dice la canción "She", que te pedí leyeras, y cambiaras todo a "He" dice al final:

"...Para donde Él vaya, tengo que estar allí, el sentido de mi vida es Él".

ARTURO: "Tienes razón mi reina... no era nuestro tiempo ni nuestro espacio en aquella época... y quien lo dijera que después de tantos años estamos aquí... juntos y enamorados... esperando un futuro promisorio... pero ten calma... todo se dará a su tiempo...".

HERMOSA: "Querido Arturo, quizá cuando fuimos jóvenes no nos hubiéramos amado como ahora, lo importante es que estamos planeando pasar el resto de nuestra vida juntos y amándonos. Te envío este pensamiento. cuando puedas leerlo tranquilamente y sin peligro. "Si decides que nuestros días ocurran de manera diferente, pues, ni modo, me resignaré a no tenerte todo para mí y tú en tener que compartirme quizá con alguien más". No lo sé, es una posibilidad. No lo había pensado, pero ahora que probé nuevamente el amor, (aunque sea a la distancia, por mail y teléfono), no quiero terminar sola como lo he estado durante tantos años. De verdad espero que luches porque nos veamos a la mayor brevedad. Ojalá sea posible que podamos pasar unos días juntos, todo el día, y por lo menos algunas noches. Tengo tanto amor que dar, que no te lo vas a acabar".

ARTURO: "Algún día mi amor... no comas ansias... tú eres mi mundo..." I hope so" ... y sé que cuando nos encontremos nuevamente llegaremos al clímax del amor como ambos lo hemos deseado...".

HERMOSA:"Querido Arturo, Gracias por esas bellas palabras. Me has mencionado que has tenido romances, y nuevamente te repito, soy celosa sobre todo cuando hablas de haber amado a otras mujeres. Por favor, recuerda que los caballeros no tienen memoria y espero que te comportes como todo un caballero conmigo. Te amo demasiado y tendré que perdonarte lo que me digas, aunque no sea de mi agrado".

ARTURO:"Mi amor, por favor... hablo de amor romántico, de un romance apasionado... como amante a la antigua que soy... claro que tú eres la número uno o en el inglés que practicas... "number one"... eres la catedral... la Basílica de San Pedro y las otras mujeres son las capillitas... ahorita a nadie tomo en cuenta... me dice una "ya ni me pelas"... tú eres lo más grande que he tenido en mi vida y sigo teniendo... por favor... que te caiga el veinte... tu eres mi mundo".

HERMOSA:"Querido Arturo ¿Ves cómo tengo razón para encelarme? ¿A quién no pelas?, sé que no eres un santo, pero el pasado, pasado es, y si tienes a alguien más, pues adelante, no me engañes con decir que soy tu Basílica de San Pedro. o ¿aceptarías que yo dijera (inventado, aunque sea sólo por darte celos) que tengo a alguien que me escribe, o me visita? bueno, te dije, que punto final. Te amo, me amas y es lo que importa".

Historia de un amor imprescindible

ARTURO:"Señora Álvarez...el más grande elogio que he tenido. ¡Ser el señor Gutiérrez!... El título más grande que en toda mi vida que me han dado... Gracias mil mi amor... ser de ti es lo máximo... Si ya tuvimos el romance automáticamente ya fuimos el uno del otro... las fotos me gustaron mucho. Tu amiga es muy joven y bella y que bueno que vamos rápido... ya tenemos una hija...Yo estoy tomando una copa de vino antes de dormir y concilio rápido el sueño... pero te estoy escribiendo a la 1:50 horas del día 3 de junio... con toda la tranquilidad para que no haya broncas. ... Que gran idea la tuya... los títulos de señor Gutiérrez y señora Álvarez... Me siento tan feliz... Bendita seas...".

Así continuó ese romance, creciendo nuevamente, renacido casi del total olvido, y eran tantas las veces que estaban en contacto, que uno de esos días a ella se le ocurrió enviarle una carta:

"Buenos días Sr. Gutiérrez. Son casi las 8.00 am. Estoy saludándote mi amor y te comento. La semana

Herlinda Guerrero de la Mora

pasada se rompió un tubo del closet y se me cayó toda la ropa encima, y tengo una semana con el tiradero en mi recámara, ropa sobre la cama, en el sillón y la caminadora, no veas, pero espero hoy se arregle, y, cuando Ericka sacó mi carro, me dijo que se le salió una gran banda, y tengo que llamar al mecánico, porque si no cómo me voy al trabajo. También tenía que ir a realizar un pago del viaje, y no sé si pueda porque surgió lo del carro y el closet. Pero son cosas que se arreglan rápidamente. Amor, ese correo donde aceptas ser Mi Sr. Gutiérrez está muy bello, romántico y habla del gran amor que existe entre nosotros, de que **NOS PERTENECEMOS** a pesar de la distancia que nos separa, espero que se arregle lo que por ahora nos impide reunirnos, y cuando menos lo esperemos, estaremos **JUNTOS**, como es nuestro deseo.

De todas maneras, nos seguiremos escribiendo, y cuando puedas y quieras llámame, sabes que siempre estoy a tu lado y pensando en ti, mi amor".

Historia de un amor imprescindible

ARTURO:"¡Ánimo! No hay mal que dure 100 años ni enfermo que los resista... Dios te cuide y te muestre el camino correcto. Te envié 2 consejos que me llegaron por Facebook, cuando puedas, los lees y los pones en práctica. Gracias amor por tantas bendiciones que me envías... eres la persona más importante para mí... lucharemos porque nuestro amor florezca... como hace años...".

HERMOSA: "Querido Arturo. Mi amor o mejor Sr. Gutiérrez. Me da mucho gusto que hayas aceptado ser mío, mi amor. Leí los correos. Cuando te escribí casi inmediatamente nos regresamos del paseo. Yo sólo tomé una copa, y la pareja con la que fui tomaron 2 cada uno, por eso les dio por dormir. Cuando comía el queso y el vino brindé por "el amor de mi vida, quien me indujo a beber vino tinto y quien brinda por mí cada vez que lo bebe".

ARTURO: "Cada instante de mi vida, principalmente por las noches cuando voy a dormir... mi copa de vino... mis pensamientos y mi amor son para ti... mi reina amada, mi señora Álvarez".

HERMOSA"Querido Arturo. Amor, llegando prendí la tv y la compu, y hay una película que se llama "Canción de amor", es una historia de amor muy bella, ayer la vi traducida, y les entendí a todas las canciones, se escucha una voz muy dulce y romántica, y siento que es como escucharnos cantándonos al oído uno al otro. Arturo, mi señor Gutiérrez, estoy enamorada de ti".

ARTURO:"Mi amada señora Álvarez... claro que desearía estar cantándote al oído, pero las canciones que van de acuerdo con nuestra realidad... y cada vez que quieras escucharme... sólo recuerda las veces que lo he hecho... y sabes que siempre estoy pensando en ti... eres mi musa... mi todo...".

HERMOSA:"Querido Arturo. Buenas noches Mr. Gutiérrez. Deseo sueñes conmigo y con la vida que nos espera. Lo bueno que ya diste el primer paso. Ahora, esperar un poco, ya tienes una base legal para empezar, y una base sentimental. El amor. Pero que ella no

Historia de un amor imprescindible

sepa que ya consultaste al abogado, la pondrías sobre aviso. Por las buenas, cuando veas que está de buen humor, te pones un abrigo de "Todo se me resbala" y le mencionas lo de la separación. Aunque por supuesto, sabrá que es porque continúas tu relación conmigo, y si te pregunta, niégalo, simplemente dile que quieres vivir en paz, y cuando ya casi esté todo listo, me dices para arreglar todos mis pendientes e irme a tu lado, mi amor. XOXO".

Cuánto romanticismo encerrado en unos cuántos renglones. Estaban seguros de que todo lo que se escribían salía de esos corazones enamorados, deseosos de verse, de estar juntos y por el momento sólo era posible a través del ciberespacio.

Los problemas continuaban en casa de Arturo, así que Bella le sugirió que tomara una decisión. Él consultó con una abogada amiga suya acerca de cuál era la situación que vivía con Hermosa, deseando no afectar a las familias de ambos y el procedimiento más adecuado.

ARTURO:"Gracias mi reina preciosa. Tus palabras me dan aliento

y creo que poco a poco, pero se va adelantando los acontecimientos... y ya verás, en treinta días ya será otra cosa mejor todavía en todos sentidos...".

Por supuesto, Griselda ignoraba los movimientos que Arturo realizaba.

HERMOSA:"Querido Arturo. Eso me llena de alegría, mi amor. Ya me habías comentado que estaba aumentando tu consulta desde que nos encontramos, y eso me llena de tranquilidad, saber que no tendrás problemas económicos y que podremos ahorrar para nuestra casa, como recién casados, bueno, eso vamos a ser, recién casados, aunque sin papeles, pero el amor es lo primero. Tengo mucho entusiasmo por lo que viene, mi vida, felicidad para ambos. No olvides las raíces amargas para los frutos dulces. Ni modo, nos tocará sembrar para cosechar".

ARTURO:"Bien hecho señora Álvarez... el futuro no sabemos, en mi ciudad, en la tuya, México, Estados Unidos, el DF... es incierto como la vida, como la muerte... lo importante es trabajar para ver donde nos demos la primera cita...".

Historia de un amor imprescindible

HERMOSA:"Querido Arturo, Escucho "la noche que me quieras" y pensé que, si algún día volveríamos al D.F., si tendremos que vivir en una casa mediana o en una pequeña, si la buscaremos para una camota King size, o si tendremos una matrimonial, en fin, como se den las cosas, ya lo decidiremos juntos. No fui a trabajar por lo de mi camioneta, y no me agrada viajar en colectivo y metro. No me ha llamado el mecánico, así que estoy en casa pensando en ti, mi amor y escuchando a Roberto Carlos. XOXO mil".

ARTURO:"Querida Sra. Álvarez, No cabe duda de que somos una pareja que ya echó raíces desde los fabulosos 70s... Me siento feliz porque ambos aceptamos tener paciencia y seguir la comunicación por mail, te deseo ardientemente...".

Ese día siguieron una serie de correos, que denotaban el amor tan grande que se tenían, y los deseos que ambos sentían de revivir el amor que hubo en el pasado, hasta que Hermosa le escribió éste, donde expresó lo que pensaba.

HERMOSA: "Querido Arturo. Sí, eres un ladrón. Te robaste mi corazón, hurtaste mi voluntad, te adueñaste de mi pensamiento, eres dueño de mi vida. Estoy escuchando a Roberto Carlos "Propuesta" y hasta las lágrimas se me salen porque no estoy contigo. Sé que la paciencia es el árbol de raíces amargas y frutos dulces, pero ¡Qué amarga es la espera! Te amo y te quiero XOXO".

Después de decirse tantas veces cuanto se amaban, viviendo ese doloroso y gratificante romance, Bella se quedó dormida con la computadora prendida junto a la almohada, hasta que en automático se apagó. Al día siguiente, al darse cuenta de lo ocurrido, Bella escribió:

HERMOSA:"Querido Arturo, Hola, mi Amante a la Antigua, Mr. Gutiérrez. Soy tan romántica, y te digo tantas veces que te quiero, que a veces siento que hasta te empalago, pero, ni modo, así soy, melosa, y me gustaría que fueras

Historia de un amor imprescindible

semejante a mí de romántico, porque no me dices que me quieres".

ARTURO: "¿Cómo que no te digo que te amo?... si te doy el título de señora Álvarez y yo me siento súper cuando me dices Mr. Gutiérrez?... ahí estoy expresándote todo lo que eres para mí... señor Gutiérrez y señora Álvarez... ya te he dicho que eres mi todo... lo que ahora me cayó muy simpático fue el título de Mr. Gutiérrez... eres lo más grande y bello que he tenido... y desde los fabulosos 70s., nada ha sido mejor que tú, mi amada amante".

HERMOSA: "Querido Arturo. Oh, mi amor, tienes toda la razón, sólo que soy una romántica empedernida. Por eso como yo siempre te estoy enviando besos, abrazos y arrumacos, sí, mi amor ¡mil perdones, señor Gutiérrez! Es que, si comprendieras la falta que me haces, que eres mi todo y sí, mi amor, siempre me lo has dicho, pero ya sabes que como me urge tenerte conmigo, cada vez que me dices que me amas, mi corazón late más rápido de lo acostumbrado, hasta siento que se me va a salir del pecho y te siento más

cerca de mí. Por eso yo te envío besos mil (para los enamorados mil es infinito), te amo mil, me amas mil, nos amamos mil XOXO mil"

ARTURO:"Qué bien aplicas la gramática... yo, tú, nosotros... bravo, mi adorada pedagoga. Mi reina, estoy trabajando diario sobre lo nuestro... Eso tendrá que dar buen resultado... Aguanta mi amada amante...Te lo pide tu amante a la antigua...tu señor Gutiérrez."

Desde el día que a Hermosa se le ocurrió decirle "Sr. Gutiérrez" y a Arturo corresponderle como "Sra. Álvarez", ambos cambiaron el nombre en la despedida de sus correos. Ya no volvieron a dirigirse uno al otro como lo habían acostumbrado, sino con estos nuevos nombres. Cuando contestaban el teléfono al dirigirse uno al otro, se decían "señora Álvarez y señor Gutiérrez", así como al escribirse los correos, los mensajes telefónicos y ambos se sentían tan orgullosos de pertenecerse mutuamente, que cualquier persona que no conociera su situación se hubiera asombrado de la amabilidad y la dulzura con que se nombraban estos enamorados.

Historia de un amor imprescindible

Cuando alguno de los dos decía algo relacionado a la edad, sólo recibía una llamada de atención del otro comentando que la edad no es ningún impedimento para amarse como ellos.

Sus pláticas eran tan variadas y amenas que inclusive llegó a comentarse que cuando la edad fuera un obstáculo para disfrutar del amor físico, no habría ningún tipo de problema porque cuando el amor es verdadero, como era el caso de Hermosa y Arturo —se vislumbraba un amor para toda la vida—, porque ya no estaban en edad de jugar a los enamorados.

En verdad estaban completamente enamorados uno del otro, pues la soledad que los había acompañado durante tantos años estaba a punto de llegar a su fin, bueno, eso es lo que ambos hubieran deseado. Los correos continuaron cada vez que tenían la oportunidad de escribirse.

Las llamadas telefónicas no cesaban y los e-mails escritos con tanta delicadeza y amor incondicional por parte de ambos eran cada vez más frecuentes. Su amor se estaba convirtiendo en algo inimaginable e indestructible. O al menos así es como se vislumbraba.

Capítulo XI

NO TODO PUEDE SER COLOR ROSA

> El dolor es temporal.
> Puede durar un minuto,
> una hora, un día o...un año.
> Pero finalmente terminará y otra cosa tomará su lugar.
> Si me doy por vencido,
> el dolor durará para siempre.
>
> Anónimo.

Herlinda Guerrero de la Mora

El día 3 de junio, empezaron a escribirse desde las 9.30 de la mañana, aproximadamente, diciéndose tantas cosas bellas como ya era su costumbre y más enamorados que el primer día.

Estaban muy unidos a través del internet, viviendo su amor virtual desde hacía ya ocho meses, alimentando con cada palabra de amor ese romance que crecía como una bola de nieve que cae desde muy alto y va agrandándose más y más. Estaban viviendo un bello romance ininterrumpido, con la esperanza de reencontrarse los primeros días del mes siguiente.

Eran casi las 11.30 de la mañana. Hermosa tenía que empezar a arreglarse para su trabajo, pero antes, le envió una Bella canción de Roberto Carlos llamada "Abrázame así", que recién había copiado y escrito para él, sintiéndose más enamorada que el día anterior.

Arturo la estaba leyendo y disfrutando, sintiendo que ella se la cantaba al oído, muy cerca de su cara... sentía su aliento y escuchaba las palabras tan tiernas y dulces que siempre se decían y escribían,

Historia de un amor imprescindible

cuando de repente, Griselda salió de su cuarto y vio a Arturo leyendo y canturreando la letra de la canción.

Esta fue la segunda vez que lo sorprendió e inmediatamente le reclamó, gritándole y amenazándolo con matarlo por tener un romance con alguien, a pesar de que no se amaban, ya habían tenido una fuerte dificultad cuando fue la primera despedida de Arturo.

Griselda lo tenía como prisionero, controlando todos sus movimientos, como si en verdad le interesara su bienestar y su vida. Al leer esa canción, sintió que realmente lo estaba perdiendo, que él ya no soportaría más su compañía y que pronto se reuniría con alguien que le proporcionaría todo el amor que ella le había negado.

Le reclamó por su cambio tan notorio en su carácter, por las noches en la computadora, por las prolongadas tardes dominicales en compañía de sus amigos de la asociación de poetas, músicos, escritores y compositores de donde era miembro activo, y por todo lo que en ese momento se le ocurrió, y por supuesto se desató la discusión y las ofensas.

Herlinda Guerrero de la Mora

Griselda gritó tanto profiriendo tal cantidad de insultos hacia él, que realmente la desconoció. Nunca la había escuchado tan alterada. Ignoraba que una mujer preparada como ella, siendo médico y universitaria, fuera capaz de conocer y decir tal cantidad de palabras altisonantes.

Estaba tan ofendida por la actitud de su esposo, que sentía deseos de matarlo. No tomaba en cuenta que no era capaz de hacerle una caricia ni dirigirle palabras amables, aunque fuera por compromiso, y después de haber desatado su furia contra él, salió inmediatamente de la casa.

Estaba demasiado molesta. Caminó con pasos firmes, rápidos y fuertes. Subió a su coche y así como estaba de alterada y enojada, sin desayunar y aún en pijama se dirigió al hospital donde su hijo estaba trabajando y estudiando la especialidad a darle la queja de que su papá estaba enredado y escribiéndose con una mujer.

Imaginaba que era la misma mujer de la primera vez que lo sorprendió y no tuvo pena de decir tanto improperio, calificándola

Historia de un amor imprescindible

con los peores adjetivos, sin conocerla, sin saber nada de ella, sólo por el hecho de haber encontrado a Arturo escribiéndole. Joseph muy apenado escuchó todo lo que su madre le comentó, acusando a su papá de tener una amante.

—**Por eso el dinero no le alcanza a tu padre, porque lo gasta con esa mujer.**
—**Mamá, no lo juzgues.**
—**Se sale más tiempo del acostumbrado, de seguro se va a verla todos los días.**
—**Cálmate mamá. Estás muy alterada.**
—**Es una mujer vividora, estafadora, aprovechada y ventajosa que quiere quitarle la casa a mis hijos.**
—**No digas más tonterías mamá.**
—**No son tonterías, va tras el dinero de tu papá y de sus bienes.**
—**Mamá, la casa está perfectamente escriturada y, mejor regresa a casa a arreglarte. Estás dando un pésimo espectáculo.**
—**Pero es que tenía que decirte que tu papá...**
—**Eres una doctora distinguida, toda una dama. Por favor, mamá, regresa a casa y allá hablaremos. Veré que dice**

Herlinda Guerrero de la Mora

mi papá cuando hable con él llegando a casa.

Griselda salió avergonzada del hospital. Comprendió que en verdad había puesto en vergüenza a su hijo al presentarse así. No ofreció una disculpa por lo que había hecho. Estaba un poco más calmada, subió a su carro y sólo se alejó.

Los hijos casi siempre conocen el lado amable y bueno de los padres, y difícilmente reconocen sus defectos y para él, su madre era la mejor mujer del mundo, aunque veía sufrir a su padre por el maltrato y la indiferencia recibidos por parte de su progenitora. Tenía que intentar aplacar la ira de su mamá cuando regresara de su trabajo.

Cuando Joseph llegó a casa, Arturo esperaba un sinfín de reproches por parte de su hijo, pero éste, en vez de criticarlo y reclamarle algo, sólo se limitó a abrazarlo a la vez que le decía: "Papá, no tienes idea del gusto que me da saber que por fin eres feliz". Esto desconcertó a Arturo y en cuanto tuvo la oportunidad le escribió a Hermosa sobre la reacción de su hijo y la manera tan madura con que había tomado su relación, sintiendo que tenía un aliado y un confidente, aunque se reservara de contarle sobre las largas conversaciones cibernéticas que sostenía con la mujer de su vida. No podía comentarle lo que Hermosa significaba para él y el lugar tan especial que siempre había ocupado en sus pensamientos y en su corazón.

Nuevamente en casa, Griselda llamó a su hija por teléfono y le comentó lo mismo que a Joseph, aumentándole calificativos a la "Amante de su papá". Inmediatamente su hija llamó a Arturo y lo amenazó con denunciarlo que quería darle la casa a la mujer con quien andaba, y se armó tal desastre familiar, que Arturo alarmado le llamó a Bella:

—**Hermosa, disculpa la pregunta. ¿En algún correo te mencioné algo sobre la casa propiedad de mis hijos?**
—**No, sólo me dijiste que la habías escriturado para ellos.**
—**Necesito saber si te escribí algún correo comprometedor que pudiera ser malinterpretado, sobre todo, principalmente por Griselda, que estoy seguro ha leído mis correos.**

—No estoy enterada de si tienes propiedades o no. Sólo mencionaste una vez lo de la casa de tus hijos.
—Estoy seguro de que ella se dio cuenta de este romance que tenemos, porque ha dicho cada cosa, que me parece increíble que piense así.
—Buscaré en mis correos a ver si encuentro algo relacionado con lo que mencionas. Te llamo después.
—Gracias Bella. Comprende que estoy muy preocupado. Después te platico lo ocurrido.
—Dios te cuide y cuídate tú también.

Hermosa inmediatamente se fue a buscar al internet los correos enviados y recibidos y no encontró nada al respecto. Inmediatamente se lo comunicó a Arturo, quien por la dificultad y el coraje se enfermó. Le subió la presión de forma alarmante, y tuvo que estar en cama durante dos días, en los cuales Griselda no se presentó a auxiliarlo y no le dirigió la palabra para nada.

Arturo se tomaba la presión arterial y llamó a un amigo cardiólogo para que fuera a verlo, confirmándole que su presión estaba un poco alta, recomendándole dos días en cama y mucha tranquilidad acompañados de

Historia de un amor imprescindible

algunos medicamentos y tranquilizantes que no fueran a dañar más su corazón que por el momento estaba debilitado y fue la sirvienta quien le preparó sus alimentos y no fue posible que Arturo asistiera a dar consulta, por lo que su secretaria tuvo que cancelar sus citas, e inclusive una cirugía programada con anterioridad.

Como estaba un poco delicado, ese día ya no le escribió a Bella. Al día siguiente le hizo una llamada muy breve donde le explicaba a grandes rasgos la situación.

—Hola Bella. Te llamo para pedirte que no me llames ni me escribas en una semana. Todo está muy mal por acá.
—Está bien, no te llamaré, pero dime ¿Cómo estás de salud?
—Me puse un poco mal del corazón. Tengo que estar dos días en cama. Estoy muy vulnerable y toda esta situación me provocó una enfermedad inesperada.
—¿Ya estás atendiéndote con un especialista?
—Por el momento sí. Nos escribimos después.
—Cuídate mucho. Deseo que mejores muy pronto. Dios te cuide.

—Gracias. Adiós.

Como era de esperarse, esto le preocupó muchísimo a Hermosa. Estaba segura de que todos estos problemas surgieron a raíz de la dificultad que provocó la discusión cuando Griselda sorprendió a Arturo escribiéndole, pero no podía hacer nada más que esperar a tener nuevamente noticias sobre la salud de su amado. Pasó la semana sin que supiera nada de él. No hubo correos, ni llamadas ni mensajes y aparentemente, él tomó una drástica decisión y escribió un telegrama:

TELÉGRAFOS DE MÉXICO

Asunto: penoso. Querida Sra. Hermosa: peligra mi integridad física. No podemos continuar. Busque usted la felicidad que usted si puede lograrla ya que para eso hemos nacido para ser felices. Su felicidad será la mía. Le deseo todo el éxito en esta empresa. Su amigo y admirador. A.A.

Estaban planeando un encuentro para principios del mes siguiente en el bello puerto de Acapulco, porque Arturo tenía que reunirse nuevamente con algunas autoridades gubernamentales de su tierra natal e iniciar su proyecto trunco de la escuela agropecuaria que beneficiaría a esa comunidad rural, cuando al desatarse la disputa entre él y su esposa, obligado por las circunstancias de sentirse descubierto de repente y ver que todos sus planes se venían abajo, decidió enviarle un mensaje por celular donde le decía:

"LO NUESTRO SE ACABÓ, NO MAS MAILS NI LLAMADAS... IRE A GUERRERO, PERO CON MI AMIGO. NO NOS VEREMOS NI NOS ESCRIBIREMOS MAS".

Bella estaba muy triste y dolida y cuando recibió ese recado tan frío y definitivo, lo primero que hizo fue temblar y volver a llorar. Sintió que toda su vida se derrumbaba nuevamente como la primera vez que se despidieron por no estar preparada para ello.

Arturo le había hecho tantas promesas y la había ilusionado de tal manera, que esperaba el día de su encuentro con tanta vehemencia, realizando algunas compras para cuando se vieran, hizo la lista de la ropa que llevaría, compró un par de zapatos blancos muy cómodos que combinaran con su ropa típica, en fin, había hecho tantos planes para verlo, estaba tan emocionada que, de repente, sintió que todo tomaría un rumbo distinto y que ese día tan esperado no llegaría jamás.

Por su parte, Arturo, comprendió que, al despedirse, Bella interpretaría que no era real ese mensaje al igual que el correo que le había escrito días antes. igualmente, que la primera despedida, porque tantas palabras de amor, tantas cartas y llamadas telefónicas que los habían mantenido unidos durante los ocho meses anteriores en que día a día se juraban su amor, no podían ser mentira. Hermosa sintió lo mismo, y sólo se concretó a contestarle:

"Ok. Dios te bendiga" ...

...Y sus ojos se llenaron de lágrimas al escribir esta fría despedida, pensando que tal vez, si todo lo anterior tuviera algo de verdad, fuera el adiós definitivo.

Llamó a su hija Ericka aún con los ojos llenos de lágrimas:

—Ericka, ven por favor.
—Mamá, ¿por qué lloras? ¿Qué te pasa?

Historia de un amor imprescindible

—Mira lo que me escribió Arturo. Lee el mensaje en el celular.
—¿Otra vez sufriendo por él? Arturo es un hombre que no te merece.
—¿Por qué dices que no me merece?
—Porque dice amarte, y no sabe defender ese amor. No derrames ni una lágrima tuya por él, es un hombre falso.
—¡Por favor, hija, no dejes que me deprima! ¡No me dejes caer nuevamente!
—Cálmate mamá. Estás muy pálida. Deja de llorar y para esos sollozos. Mereces enamorarte, pero de alguien que realmente te valore, con quien puedas rehacer tu vida. Has sufrido mucho y nada ni nadie merece tus lágrimas.
—Pero es que lo quiero mucho.
—Pues lo querrás, pero no eres correspondida. Además, es muchos años más grande que tú, y no te da el lugar que mereces. ¡Ya deja de sufrir por él!
—Estoy segura de que se vio obligado a escribirlo. No creo que sean sus palabras.
—¡Te dice adiós! Mereces a alguien que no corra al primer grito. Si realmente te amara como dice arreglaría su

situación. Y si en verdad él escribió ese correo... ¡Qué pena por él! perdió a la mujer más valiosa del mundo.
—¿**Crees que soy valiosa, mija?**
—¡**Claro que lo eres!, además, bella de cuerpo y alma.**

Hermosa abrazó a Ericka y siguió llorando. No podía sobreponerse al golpe tan duro que había recibido, porque el correo no lo sintió como despedida, pero este mensaje sí. Se sintió muy deprimida durante los días que precedieron a este suceso. No lo llamó ni le envió correos, esperando que él tomara la iniciativa y por lo menos se disculpara.

Transcurrieron unos cuantos días y ambos sufrían demasiado. Sabían que ese no podía ser el final de una relación que aún no había reiniciado, así que Arturo se armó de valor y se atrevió a enviarle un correo a pesar de saber cuáles serían las consecuencias si en su casa lo sorprendían escribiéndole.

ARTURO:"Querida señora Hermosa... Este no es un "Adiós" definitivo... es un "espera un poco...".

Arturo necesitaba decirle a su amada que a pesar de todas las dificultades que se

Historia de un amor imprescindible

presentaran para ambos, definitivamente tenían que hablar, sólo había que esperar el momento oportuno y las condiciones adecuadas.

ARTURO: "...ella en algún momento estaba preocupada porque no era buena la relación entre nosotros y que no podía yo ser feliz..., pero después cambio porque así es... Será cuestión de platicar en algún momento que se pueda hablar claro y conciso...".

Por su parte, Hermosa sentía tal soledad, estaba tan acostumbrada a acostarse y enviarle correos de "buenas noches", siempre deseándole lo mejor y, por supuesto levantarse, leer y escribirle todo lo que pensaba, lo que había soñado, y de un día para otro ese cambio tan repentino de no tener "nada", así que a pesar de que podría ocasionarle otro problema más severo, le envió este correo:

**BELLA: "Te espero cuando miremos al cielo de noche. tú allá, yo aquí, añorando aquellos días en los que un mail marcó la despedida, quizá por el resto de nuestras vidas"
Mario Benedetti .- Bella.**

Por supuesto Arturo no aceptó la supuesta despedida y le escribió:

ARTURO: "Por ningún motivo he dejado de amarte. Espero el momento adecuado para vernos, pero debido a la situación que se ha presentado... No sería conveniente ni apropiado continuar con los planes para el siguiente mes...; además, no me han contestado lo de la escuela agropecuaria... y definitivamente se cancela el viaje por la situación política que afecta al Estado de Guerrero... esperemos que todo se calme y volvamos a la normalidad...".

Bella estaba muy angustiada. Era la segunda vez que este viaje se cancelaba. La segunda vez que sus planes se venían abajo, y el sufrimiento que acarreó este acontecimiento sirvió para fortalecer los lazos amorosos entre ambos, que por el momento tenían que vencer los grandes obstáculos que les impedían verse. Así que aceptaron el sufrimiento con resignación y continuaron esperando.

Historia de un amor imprescindible

Hermosa comprendió que era lo mejor. Tenían que guardar un poco de discreción en su relación para no volver a despertar la ira de Griselda. Cuando Arturo le sugirió que hubiera una separación por la vía legal y sin pleitos, ella sólo le dijo:

—Si quieres lárgate, pero no te llevas más que tu ropa. Todo lo que hay en esta casa es mío, y si te vas con esa vieja, a ver si te recibe sin nada, porque ella quiere tu casa y tu posición económica, no creas que te quiere por tu linda cara...

Y continuó insultándolo e insultándola a ella, sin conocerla, sin saber o tener la más remota idea de la calidad moral e intelectual de Hermosa. Sólo sabía que perdería a Arturo y no estaba dispuesta a soportarlo, no porque existiera en ella algo del amor que supuestamente una vez se tuvieron, sino por molestarlo, por no permitirle ser feliz, aunque lo tuviera atado a ella, una mujer sin sentimientos, enferma mental y difícil de carácter.

Esta dificultad fue más grande y fuerte que la primera, pero, finalmente, como siempre, Arturo tuvo que ceder ante la presión física y psicológica, pero sólo mientras la calma volvía aparentemente a su familia y a la mujer que lo tenía junto a ella contra su voluntad.

Arturo le comentó a Hermosa que estaba dispuesto a sacrificarse, a dejarle la casa grande y que ella le diera la pequeña, con tal de que pudieran estar juntos, pero Griselda se empeñaba en negarle todo derecho a tener una vida decorosa y en una de tantas discusiones le dijo:

—Hasta crees que esa fulana te quiere. Cuando ya estés más viejo y enfermo y no le sirvas para nada te va a venir a aventar a tu casa, con tu familia, porque esas mujeres así son...

Como ya era su costumbre, continuó con más improperios. Arturo sólo la escuchaba y guardaba silencio y la ignoraba para no continuar con los pleitos y las discusiones hasta que silenciosamente se alejaba del lugar y la dejaba hablando sola.

Todo esto se lo comentó a Hermosa, durante una llamada telefónica. Bella veía cada vez más difícil la situación, y sólo se refugiaba en la música que los había unido

Historia de un amor imprescindible

durante tanto tiempo, y se limitaba a contestarle:

("**—No te aflijas, amor, si nuestro destino es estar juntos, al final lo estaremos, porque fuimos hechos el uno para el otro, y todo camino hacia la felicidad está sembrado de dificultades y sufrimientos, pero el amor siempre triunfa y como el nuestro es verdadero, estaremos juntos, sólo tenemos que esperar el momento oportuno, cuando la suerte sea benéfica para nosotros, lo importante es que nos amamos).**

Dejaron de escribirse por algunos meses. Arturo le pidió que esperara porque las dificultades eran todos los días y eso estaba mermando su salud. Por su parte, Hermosa prefirió dejar de tener noticias de él a ser la causante o provocar un mal mayor que el caos existente en la casa y la familia de Arturo. Sólo se limitó a rogar a Dios que lo cuidara y estuviera al pendiente de su bienestar y este fue un correo que nunca le envió. Poco a poco ella se fue haciendo a la idea que lo vería en un futuro, sin saber cuándo pero ese día llegaría. Pensó en seguirle escribiendo y continuar como si nada, pero se detuvo.

ARTURO.- ERES IMPRESCINDIBLE.-
Hoy fui de compras a Plaza las Américas con dos amigas.
Primero fuimos a comer y estuvimos platicando sobre el futuro que me espera a tu lado. Ambas me dicen que tenga paciencia, que todo se arreglará para ti y que al final estaremos juntos.
Pasamos por una tienda llamada Mix Up y nos metimos a ver los discos. Pregunté por la música que te gusta, de los Dandys y compré un álbum donde viene la canción que me cantaste un día a la cual estamos ligados y así te siento.

Espero en un futuro no muy lejano poder escucharla contigo, amor. Por lo pronto, la transcribí para poder memorizarla y cantártela cuando tenga la oportunidad de verte y abrazarte.

"IMPRESCINDIBLE".

Eres imprescindible
para mi corazón.
Y te siento tan mía

Historia de un amor imprescindible

**cuál la luz es del sol.
Eres imprescindible
en mis sueños de amor
y tenerte es tan bello
que se olvida el dolor.
Imprescindible
es mirarme en tus ojos
ventanas de gloria
imprescindible
es perderme en tu encanto
sentir tu calor.
Mmm mm Mmm,
que se olvida el dolor.
Imprescindible es mirarme...
Eres imprescindible...".**

Herlinda Guerrero de la Mora

Capítulo XII

Y AL FINAL...

"Conservar algo que me ayude a recordarte,
sería admitir que te puedo olvidar".

William Shakespeare.

Historia de un amor imprescindible

Un domingo de agosto, Hermosa compró una botella de vino Cabernet de Saviñón y brindó por él. Eran las 9.45 de la noche. Estaba segura de que Arturo también la estaba recordando en ese momento. Intentó escribir una carta contándole lo feliz que se sentía al pensar en él, pero no fue posible... la red se había caído a causa de la lluvia, pero estaban conectados por el pensamiento tan positivo y muy enamorados.

Sabían que, a pesar de la distancia, estaban uno junto al otro, dándose esos ansiados besos que ambos tenían guardados para cuando se reencontraran. Imaginaba su presencia, siempre a su lado, y brindando como él lo hacía siempre por ella, ahora, desde ese día, brindaría por el amor de ambos, y a pesar de la distancia, sus corazones estaban unidos por ese amor tan grande que se profesaban.

Uno de tantos días, Bella despertó de repente, sintiendo aún el aliento de su amado sobre su rostro. Alargó la mano a la vez que decía: "No te vayas todavía, quédate conmigo" ...

Herlinda Guerrero de la Mora

Y se dio cuenta que había sido un bello sueño del cual desafortunadamente despertó. La noche anterior se había quedado dormida pensando que cuando se vieran ella le pediría un medicamento hormonal que, debido a su edad, su organismo ya no producía, y que ambos estaban en una farmacia.

En ese sueño, lo vio como nunca lo había mirado... con bata blanca, porque su recuerdo estaba vivo en su memoria, pero siempre vistiendo uniforme, con saco, pantalón y zapatos blancos, y ahora lo había visto como lo que realmente era, un gran médico experimentado y respetable, con pantalón y zapatos oscuros, camisa de color, corbata y su hermosa bata blanca.

Todo el día estuvo recordando esa escena y cantando la canción de ambos, que a cada momento se repetía en su memoria. La tenía grabada en lo más profundo de su corazón, su mente y su ser, recordando el día que Arturo se la cantó por teléfono y posteriormente, con su voz, como en un susurro y una suave caricia a sus oídos le dijo:

Historia de un amor imprescindible

"Eres imprescindible para mi corazón y tenerte es tan bello que se olvida el dolor... Imprescindible es mirarme en tus ojos... ventanas de gloria" ...

Bella imaginaba estar frente a él, mirándose ambos a los ojos, e irradiando amor, ese amor que tanto ansiaban entregarse uno al otro, en ese reencuentro próximo, y tan esperado, que ya era eterno el tiempo que faltaba para que ambos pudieran abrazarse y decirse cuánta falta se hacían.

Cuando volvieron a estar en contacto, unos meses después, sólo era telefónicamente porque Arturo temía despertar nuevamente las dificultades con Griselda. Guardaba demasiada discreción al respecto, procurando sólo dirigirle la palabra para lo más indispensable. Estaba preparando un bello final para este casi "cuento de hadas".

Se hablaban a determinada hora, y como siempre, se enviaban todo tipo de parabienes. Se declaraban constantemente su amor, pero un cambio se notó en sus llamadas... Faltaba algo de romanticismo, ya no se decían tantas palabras de amor como antes, ni volvieron a cantarse, sólo se platicaban de lo que hacían durante la semana, de cómo se recordaban y esperaban verse muy pronto.

Arturo comentó que había perdido su teléfono celular en un asalto, y tenía otro número, y Hermosa continuaba con sus clases habituales, y cuando volvieron a llamarse, a ella se le notó en la cara la felicidad.

Volvió a sonreír y a cantar, porque en el tiempo que no se llamaron, Bella se sentía triste, pensó que todo había terminado, le escribió varias cartas que no le envió y estaba segura de que finalmente llegarían a su destinatario.

Tanto tiempo esperaron poder reunirse, pero por diversas circunstancias no se daba el encuentro. Cierto día, Bella estaba tan triste que pensó que finalmente no se encontrarían y se resignó a vivir con el bello recuerdo que conservaba del que se consideró sería un amor verdadero e indestructible.

Sin embargo, casi un año y medio después de que se escribieron el primer mensaje por Facebook, tuvieron la

Historia de un amor imprescindible

oportunidad de encontrarse. Finalmente, la espera terminó. Se dio la oportunidad para ambos. Arturo tuvo que viajar al Estado de Guerrero y cuando se lo comunicó a Hermosa, ella arregló todos sus asuntos pendientes para reunirse con él.

Inmediatamente empacó dos pantalones y dos playeras, algunas prendas de vestir propias para playa, vestidos típicos, sandalias y huaraches, sin olvidar sus cosméticos, sus flores y su inseparable y coqueto perfume.

Abordó un autobús que la llevara al puerto de Acapulco, donde se reunirían al otro día. Fue el último transporte que abandonó la central camionera del sur para llegar a las seis de la mañana a su destino.
Casi no pudo dormir por la emoción de al fin estar junto a su amado Arturo.
Cuando llegó a la terminal del puerto, le llamó para decirle que ya estaba en Acapulco, que ya lo estaba esperando ansiosa. Tomó un taxi hacia el aeropuerto y llegó casi dos horas antes que él.

Él por su parte, ya tenía su pasaje de avión para ese día y aún no lo podía creer. Estaba en la sala de espera. Su vuelo salía a las seis cuarenta y cinco de la mañana y llegaría a las ocho treinta aproximadamente.

El tiempo se le hizo eterno porque la noche anterior no durmió por el temor de perder el avión y sólo daba vueltas en la cama. Recordando que empacó algunos pantalones cortos, sólo dos pantalones de vestir, playeras, camisas, huaraches y por supuesto su traje de baño, sin olvidar su corbata que quería enseñarle a su amada.

Cuando Arturo llegó y pudo abandonar el avión, tomó su maleta y se apresuró a la sala de espera. Vestía ropa informal pero elegante con su camisa sport, pantalón de lino, suéter y zapatos en tono claro. Todos de corte deportivo. Se veía tan atractivo, con su cabello blanco y sus lentes, que no llamaba mucho la atención.

Por el contrario, Bella al llegar al aeropuerto, cambió su ropa para recibir a su amado. Usó un elegante huipil bordado con flores muy coloridas y fondo de manta con encaje de guipur, huaraches blancos y su cabeza adornada por una gran flor blanca.

Historia de un amor imprescindible

Por supuesto, su atuendo llamaba grandemente la atención por ser una vestimenta que sólo algunas personas se atreven a usar en lugares públicos, y mucho menos mujeres mexicanas. Bella estaba orgullosa de su vestimenta, a pesar de ser el blanco de las miradas.

Bella estaba algo nerviosa esperándolo y lo miró desde lejos. Se veía exactamente como en las fotos: alto, delgado y atractivo, a pesar de su edad. Suspiró profundamente y se encaminó a encontrarlo. Él volteó la cabeza y la miró como la había imaginado... hermosa, bella, con sus cabellos rubios, su tez blanca y su sonrisa sincera.

Ya no usaba trenzas, pero seguía siendo la mujer de quien se había enamorado hacía más de cuatro décadas, sólo que ahora la veía más madura, más decidida y tenía un aire intelectual. Caminaron o más bien corrieron uno hacia el otro. Estaban en el aeropuerto del puerto de Acapulco... Se miraron a los ojos, ambos extendieron los brazos, no podían creerlo que por fin estaban uno frente al otro, y al abrazarse, lo hicieron con tal fuerza. Y qué opinar acerca del primer beso que se dieron... Parecía que ambos cuerpos se habían fundido en uno solo.

Se dijeron tantas palabras dulces, tantas veces que se habían extrañado durante más de 38 años, él tomó la cara de ella entre sus manos y la besó repetidas veces a la vez que murmuraba a su oído:

—**He esperado este momento por más de 38 años... extrañando tus labios, tocar tu pelo, acariciar tu cara... Desde la primera vez que te besé y ahora estás aquí... en mis brazos...**

Bella correspondió a esa cascada de tiernos y sinceros besos acariciando sus blancos cabellos, tocando su cara e intentando también besarla sin conseguirlo del todo. Era tal el deseo que despertaron en ese momento, que no pudieron decirse más que las palabras tantas veces repetidas por ambos:

—**Te amo, te necesito y te deseo.**

Cuando se percataron que eran el centro de las miradas de todas las personas que se encontraban aún en esa sala del aeropuerto, sólo rieron, se tomaron por la

Historia de un amor imprescindible

cintura, y con la mano que les quedaba libre, cada uno llevaba rodando su maleta.

Se alejaron del aeropuerto, a tomar un taxi que los conduciría a desayunar y posteriormente a un lugar más privado, donde darían rienda suelta a su pasión acumulada durante tanto tiempo, desde que se reencontraron.
Deseaban poder cumplirse tantas promesas y entregarse esas horas de felicidad acumuladas que esperaban salir de esos cuerpos deseos de amarse y realizarlas finalmente y para toda la eternidad y hacer de su amor...

Un amor imprescindible.

Herlinda Guerrero de la Mora

ACERCA DE LA AUTORA

Herlinda Guerrero De la Mora, nació en la Ciudad de México, D.F. el 22 de marzo de 1951.

Pedagoga, Maestra en Ciencias, egresada de la Universidad Nacional Autónoma de México, de la Facultad de Filosofía y Letras, Tesis de Maestría: "La lectura en alumnos de nivel Medio Superior como parte integral de aprendizaje y cultura", la cual fue aplicada con sus alumnos de la Escuela Centro de Estudios Científicos y Tecnológicos No. 3 del Instituto Politécnico Nacional, donde se desempeñó como docente durante más de 25 años. Fue directora de Jardín de Niños y Primaria por 18 años.

Se inició en la Poesía en el año de 2016 en Córdova, Argentina por invitación del Dr. Manuel Salvador Leyva Martínez en la Celebración del Cuarto Congreso Universal de la Poesía Hispanoamericana CUPI IV, participando con dos poesías de su autoría, las cuales forman parte de su primer poemario llamado **"Enamorada del amor".**

Historia de un amor imprescindible

Está por publicar su tercer libro llamado "**Cartas sin destinatario ni remitente**", actualmente está escribiendo cuatro libros de poemas y novelas.

Está jubilada laborando nuevamente como directora de primaria y preescolar y sus hobbies son escribir libros y poesías, una de las cuales la llevó a ganar un primer lugar en el Puerto de Ixtapa, Zihuatanejo, Gro, en noviembre de 2017 con el poema "¿Eres joven?" que relata sus inquietudes, aspiraciones y amor por la vida, incluida en su poemario titulado "ENAMORADA DEL AMOR"

Herlinda Guerrero de la Mora

EPILOGO

Hablar del amor es sin duda un tema que conmueve y emociona además que a muchas personas les trae a su memoria recuerdos de una vida que vivieron realmente.

Esta novela, titulada " historia de un amor imprescindible", nos lleva de la ilusión a la emoción y a la desilusión total, no sabemos como es posible que nuestra escritora haya vivido algo tan hermoso, pero al mismo tiempo triste y sin futuro.

Cuantas similitudes existen entre ellos, partiendo del amor a la poesía hasta ese gusto por la buena música, sus recuerdos son romántico y compartidos, sobre todo en el hospital donde su historia de amor trascendió y recorrió todos los rincones del edificio y fue blanco de las miradas y

Historia de un amor imprescindible

comentarios de médicos, enfermeras, enfermos y visitantes.

El hecho de estar casada produce una gran tristeza porque se imagina el lector que no hay posibilidad de una vida en común, sobre todo por los hijos, aunque al final haya la comprensión por las hijas y familiares de que ella tenga otra oportunidad ya que fue victima del engaño por parte del esposo.

El tener un compromiso por enfermedad es algo que a nadie le gusta vivir porque ese tipo de situaciones debe darse por amor y sin compromiso forzoso, no debe existir en el pensamiento mas que el deseo vehemente de estar con nuestro ser amado.

¿Que sucede cuando hay también el compromiso de un amor encadenado a fuerzas y vigilado por una mente enferma que siempre está pendiente de las emociones y quiere hasta descubrir los pensamientos del otro?, debe ser terrible estar tenso y estresado por otra persona, sintiéndose vigilado en todo momento.

Esta historia de amor nos deja en suspenso con la idea de si al fin, podrán amarse plenamente y sin esconderse o no habrá el valor de terminar con una relación que solo aporta pleitos y celos.

Queridos lectores, deseo que la lectura de esta novela sea del completo agrado de todos ustedes, para mi fue gratificante el creer que al fin podría ser definitivo…. Vivir sin cadenas una HISTORIA DE UN AMOR IMPRESCINDIBLE.

Elizabeth Leyva Rivera

Directora mundial de IMAL y SIPEA

INDICE

Capítulo I
10.- Amor a primera vista
Capítulo II
26.- ¿Quién eres tú?
Capítulo III
61.- Y nació el amor
Capítulo IV
107.- El primer beso
Capítulo V
124.- La primer cita
Capítulo VI
145.- La familia
Capítulo VII
164.- Paulina, gran amiga
Capítulo VIII
183.- La vida... sin el amor del pasado
Capítulo IX
209.- La alegría de encontrarse
Capítulo X
223.- Enamorados otra vez
Capítulo XI
307.- No todo puede ser color de rosa
Capítulo XII
328.- Y al final
338 .- Acerca de la autora
340.- Epilogo

Made in the USA
Middletown, DE
23 December 2023